♫

나는 충만한 삶을 살았고
모든 하이웨이를 여행하며
그 이상으로 내 인생길을 걸었다네.
그보다 더 중요한 건
이 모든 것을
내 방식대로 했다는 것이네.

–〈마이 웨이My Way〉 가사 중에서

♫

■ 〈마이웨이My Way〉라는 노래는 원래 폴 앵카Paul Anka가 번안해서 부른 곡인데
엘비스 프레슬리Elvis Presley와 프랭크 시내트라Frank Sinatra도 즐겨 불렀다. 〈마이웨
이〉는 이 노래를 부른 사람들뿐 아니라 당신을 포함한 모든 사람들에게 희망과
기대를 안겨 준다.

자신의 생각대로
관철한다는 것은
자신이 원하는 바를 찾아
떠나는 여행의 첫걸음이다.

－제프리 지토머

LITTLE GREEN BOOK
GETTING YOUR WAY

제프리 지토머의 **3**
SALES MENTORING

설득력으로 승부하라

초판 1쇄 인쇄 2012년 12월 15일
초판 1쇄 발행 2012년 12월 20일

지은이 제프리 지토머
옮긴이 권혜아
펴낸이 양동현
펴낸곳 아카데미북
　　　　출판등록 제13-493호
　　　　주소 136-034, 서울 성북구 동소문로13가길 27번지
　　　　전화 02) 927-2345 팩스 02) 927-3199

ISBN 978-89-5681-113-0(세트) 14320
ISBN 978-89-5681-117-8　　　　14320

www.iacademybook.com

제프리 지토머의 **3**
SALES MENTORING

설득력으로 승부하라

제프리 지토머 지음 · 권혜아 옮김

LITTLE GREEN BOOK
GETTING YOUR WAY

아카데미북

자신의 뜻대로 이루어 가는 것은
항상 당신이 바라는 바이다.

먼저 자신에게 물어보자.
왜 항상 일이 내 뜻대로 되지 않는 걸까?
내가 원하는 만큼 내 뜻대로 하려면 어떻
게 해야 할까?
혹시 내 뜻대로 내 방식대로 하는 비결은
따로 있는 것일까?

대답은 "No!"
그러나 당신의 방식대로 할 수 있는 방법
들은 얼마든지 있다.

이 책을 읽고 나의 아이디어와 전략들을
당신만의 방식으로 적용하며 나중에는 능
숙하게 활용할 수 있을 것이다. 그리고 마
침내 당신만의 방식, 당신의 의지대로 하면
서 다른 사람에게도 만족을 줄 수 있다.

제발, 내 뜻대로
해 주세요

누구나 자신의 생각대로 되길 바란다. 사실 당신은 아기 때부터 사람들을 설득해 왔다. 울고불고, 방긋 웃어 보이기도 하고, 심지어는 손으로 탁자를 탕탕 내리치기도 하면서. 비록 원시적인 방법이지만 효과는 꽤 있었다.

아기들은 자신의 생각을 쉽게 이루어 낸다. 이는 어린아이들도 마찬가지다. 어렸을 적에 가게에서 엄마한테 막대 사탕을 사 달라고 조르던 것도 '설득Persuasion'이다. 인내이고 끈기이며, 퍼포먼스Performance이기도 하다. 대부분의 경우 당신 뜻대로 됐을 것이다.

설레던 첫 데이트를 기억하는가? 당신의 첫 데이트도 설득과 인내심, 끈기 그리고 퍼포먼스가 있었기에 가능했다.

<u>그러나 사회생활을 하면서 당신은 완전히 달라진다. 어린 시절에</u>

<u>설득의 기술, 그리고 인내의 기술을 가능하게 했던 끈기가 사라져 버린 것이다.</u>

하지만 걱정할 필요 없다. 이제는 다른 기술들이 필요한 때이다. 더 이상 울고불고하거나 애걸복걸할 필요가 없다. 사실 당신은 이미 자신의 의지대로 할 수 있는 능력을 타고났다. 당신은 그 능력을 이끌어 내 자신의 것으로 만들 수 있게 연습만 하면 된다.

자신의 뜻대로 관철하는 것에도 다양한 방법이 있다. 사람들이 당신을 이해하고, 당신의 제안에 동의하고, 당신이 원하는 방향대로 이행하게 하는 것은 기술이며 과학이다. 다른 사람의 기분을 상하지 않게 하면서 이루어 내야 하기 때문이다.

자신의 뜻대로 되게 하는 것은 생활의 기술이기도 하다. 하지만 이것을 터득하려면 생각하는 방법, 다른 사람과 교류하는 방법을 바꿔야 한다. 당신의 말부터 몸동작에 이르기까지, 옷차림에서부터 이미지까지 모든 것을 바꿔야 할 수도 있다.

프레젠테이션 기술은 단순히 상품이나 서비스를 파는 것만은 아니다. 프레젠테이션 기술은 다른 사람을 설득해서 당신의 뜻대로 관철하기 위해 바로 당신 자신을 파는 도구이다.

<u>이 책에는 당신이 알고 싶어 하는 설득과 퍼포먼스에 관한 비결들</u>

이 담겨 있다. 이 비결들은 세일즈 혹은 비즈니스에서, 대인 관계나 가족 관계에서도 활용할 수 있다. 이제 그 비결들이 당신 앞에 드러날 것이다.

다른 사람들이 당신을 설득하려면 어떻게 해야 할까?

당신이 다른 사람에게 설득을 당해 흔쾌히 부탁을 들어주었던 일을 떠올려 보자. 이것이 당신의 의지대로 이루어 나가는 가장 좋은 방법 중의 하나이다.

물론 자신의 의지를 이루어 가는 데 있어서 더 중요한 것이 있다. 다른 사람들이 당신의 뜻대로 결정하고, 그 결정에 만족해야 한다. 다시 말하지만 그렇게 하기 위해서는 사람들을 설득하고 자신의 뜻대로 관철하기 위한 '방법'을 알아야 한다.

자신의 뜻대로 관철한다는 것은

- 설득력을 발휘해 당신이 원하는 최종 결과를 얻어 내는 것이다.

- 대화를 시작할 때 항상 마음에 담고 있어야 할 목적이다.

- 프레젠테이션을 할 때 활용하는 사고의 과정이다.

- 처음에는 마음가짐이지만 최종적으로는 실현된 비전이다.

- 성공적인 세일즈 협상 또는 회의의 결과물이다.

- 뜻을 관철해 나가는 과정에 필요한 것들은 당신의 열정과 능력으로 당신 것이 된다.

자신의 의지대로 관철한다는 것은
설득과 거의 같은 말이다.
설득은 자신의 의지대로 관철하기 위해
활용하는 전략이다.

-제프리 지토머

잠깐! 이 책을 읽어 나가면 '설득'과 '뜻대로 하기', '의지대로 하기'라는 말이 번갈아 가며 나올 것이다.

나는 무언가를 조종하는 것을 매우 싫어한다. 물론 자신의 뜻대로 하기 위해 끈기를 갖고 설득의 전략으로 접근한다면, 어느 시점에서는 조종의 형태가 될 수도 있다. 하지만 설득의 과정이 조종에 가까워지더라도 밝고 긍정적인 결과가 나올 수 있게 이끌어야 한다.

서점에 가면 설득과 조종하는 방법에 관한 책이 5백여 권은 나와 있다. 하지만 이 책은 그런 책들과는 다르다. 이 책은 다르게 생각하고, 계획하고, 글을 쓰고, 말하는 비결을 알려 주려고 한다. 그 결과 사람들이 당신을 믿고 기꺼이 당신의 뜻대로 따를 수 있게 도와줄 것이다.

이 책은 설득의 긍정적인 요소들을 다루는 최초의 책이다. 만약 당신이 설득의 긍정적 요소들을 이해하고 당신의 것으로 만든다면, 모든 것을

"규칙 1. 항상 그들의 뜻대로 하게 놔두세요.
물론 당신의 뜻이 그들의 뜻이라고 납득시킨 다음에요!"

당신의 뜻대로 이루어 낼 수 있을 것이다.

세일즈를 싫어하는 사람들, 세일즈맨을 싫어하는 사람들도 알고 보면 모두가 세일즈맨이다. 회계사 또는 엔지니어라고 해서 세일즈와 관련이 없는 것이 아니다. 어떤 일을 하든 뜻대로 관철해야 할 일들은 많다.

당신은 자신이 속해 있는 모든 관계 속에서 교류한다. 회의와 모임, 직장 동료들과 가족들, 그리고 친구들과의 관계에서 생기는 일들이 당신의 뜻대로 되기를 원할 것이다. 만일 당신의 뜻대로 되었다면 당신이 세일즈 한 건을 성사시킨 것과 같다.

이는 다른 사람에게 당신의 관점, 제안, 또는 요구를 관철하기 위해 세일즈를 한 것이다. 그것도 다른 사람들이 "Yes!"라고 말하고, 당신의 의견에 동의하고, 당신을 따르고, 또 당신이 원하는 것을 들어줄 수 있게 설득력 있는 방법으로 해낸 것이다.

이 책에는 세일즈sales와 판매selling라는 용어가 나온다. 두 용어 모두 당신의 생각 또는 의지대로 한다는 것과 같은 의미를 갖고 있다. 당신의 일상생활에서 세일즈 방법이나 전략들을 사용할 일이 없다고 생각되면, 다음 페이지를 넘기기 전에 생각부터 바꿔야 한다. 그렇지 않으면 이 책은 당신에게 아무런 쓸모가 없다.

CONTENTS

당신의 뜻을 이루려면 준비하라

당신 뜻대로 하려면
필요한 것들을
먼저 준비하세요.

말과 행동이
당신을 말해 준다

당신이 원하는 걸 해내려고 할 때, 사람들은 당신을 끈기 있고 집요한 사람, 또는 고지식한 사람으로 볼 것이다. 이처럼 다른 사람 눈에 비친 당신의 모습은 당신의 선택에 달려 있다. 사람들은 당신이 선택한 행동과 방법을 통해 당신이 전달하고자 하는 메시지를 받아들이고, 그에 대한 자신의 의견을 갖게 된다.

그러나 사람들은 당신의 메시지를 듣거나 읽기도 전에 당신의 행동과 말, 외모나 옷차림을 보고 이미 자신의 마음을 결정해 버린다.

당신은 목표를 세우고 이를 달성하기 위해 구체적인 계획을 세울 것이다. 그리고 바라는 대로 되기를 간절히 원하지만, 당신이 만난 사람은 1분도 안 돼서 당신의 제안을 거절할 수도 있다. 심한 경우 당신이 사무실 안으로 들어오는 것도 거부할 수 있다.

누군가를 설득하거나 당신의 뜻대로 관철시키려고 할 때 사람들은 당신이 어떤 사람이며, 자신을 설득하거나 행동과 생각에 영향을 주어 무엇을 얻으려 하는지 생각할 것이다. 이때 사람들이 당신을 어떻게 인식하느냐가 중요하다.

이 책을 읽어 나가다 보면 당신의 사고방식이나 교류 방식을 바꿔야 한다는 생각이 들 것이다.
옷은 어떻게 입을지, 무엇을 어떻게 말할지, 말하는 동안 어떤 몸짓을 할지 생각하고, 이 모든 것을 바꾸고 싶을지도 모른다. 나는 이것들에 대해 방향을 제시할 것이다.

"다음부터는 차를 세우려고 설득하지 말고 신호가 바뀔 때까지 기다리세요!"

설득의 방법을 배우고 싶은가?

자신이 다른 사람에게 설득되어 흔쾌히 부탁을 들어주는 과정을 살펴보라. 이것이 설득을 배우는 가장 좋은 방법이다.

지금까지 내가 주장하는 것이 틀리지 않았다고 생각하는가? 그렇다면 다음 페이지로 책장을 넘기게 하려는 내 뜻이 관철된 것이다.

설득은 과정,
뜻대로 하는 것은 결과

자신의 뜻대로 관철하는 핵심적인 전략은 설득의 방법이 긍정적인 결과를 가져오게 하는 것이다.

설득의 전략을 구사할 때 가장 중요한 것이 조종하지 않는 것이다. 조종해서 설득할 경우 그 효과는 일시적이지만, 진정한 설득의 방법으로 할 경우 그 효과는 오래간다.

설득은 과학이다. 설득의 방법은 어디서든 배울 수 있으며, 직장 생활이나 일상생활에서 가장 효과적인 설득의 방법들을 배울 수 있다.

설득은 기술이다. '상압적'으로 밀고 나가면 절대로 안 된다. 설득은 자제와 평정을 보여야 한다. 조급하게 서둘지 마라.

설득은 훌륭한 질문 기술이다. 설득은 당신이 원하는 것이 무엇인지 명확히 한다. "이렇게 된 이유는……"라고 말하지 말고, "이렇게 된 이유가 무엇인가요?" 또는 "이렇게 된 원인이 무엇인가요?"라고 물어라. 미묘하지만 큰 차이가 있다.

설득은 타협이다. 내 뜻대로 하기 위해서는 종종 주는 것과 받는 것_{Give and Take}이 있어야 한다.

설득은 상황을 명확하게 만드는 질문이다. 설득은 상황을 구체적으로 파악하고 '이유'를 알기 위해 하는 질문이다. 이렇게 함으로써 상대방과 타협점을 찾을 수 있고, 타협점을 찾으면 서로 열린 마음으로 대화할 수 있다.

설득은 탁월한 경청 기술이다. 경청은 인내심을 필요로 하기 때문에 설득의 가장 중요한 요소이다. 인내와 경청의 비결은 '입 다물고 있는 것'이 아니라 '메모하는 것'이다. 메모하는 모습은 상대방에 대한 존경을 나타내는 것이며, 커뮤니케이션이 잘못될 가능성을 없애 준다.

설득은 확신시키는 것이다. 질문하고, 경청하고, 메모하고, 다시 질문해서 상황을 명확히 하는 것이다. 상대방이 무엇을 원하는지 더 정확히 알 수 있게 된다.

설득은 준비하는 것이다. 올바른 정보를 수집하고 적절한 질문을 준비하는 것이다. 상대방이 매력을 느끼는 관심사를 찾아내 마침내 상대방의 정곡을 찌를 수 있게 된다.

설득은 승리다. 설득은 당신의 뜻대로 하기 위한 방법이지만, 당신이 원하는 대로 하는 것 이상을 의미한다. 서로가 타협점을 찾아가면서 설득하고 모든 사람들이 결과에 동의할 수 있어야 한다. 또한 사람들이 손해 봤다는 생각이 들지 않게 하면서 당신의 뜻대로 이루어 나가는 것이다.

설득은 이 책을 한 번 이상 읽는 것이다. 그런 다음 설득의 요소들을 실천하는 것이다.

〈마이 웨이〉는 '난 내 방식대로 해결했다네.'라는 노랫말로 끝난다. 나는 이 점이 못내 아쉽다. 왜냐하면 프랭크 시내트라 또는 엘비스 프레슬리가 설득의 대가였다면 이렇게 불렀을 것이기 때문이다. '내 방식대로 했고 다른 사람들도 나에게 동의했다네!'

자기 신념의
비밀

나는 이 책을 통해 내가 알고 있는 설득과 당신의 뜻대로 하는 모든 방법을 당신에게 알려 줄 것이다. 아니면 당신이 이런 주제를 다룬 책 10권을 읽고 이 분야의 대가가 될 수도 있다. 하지만 먼저 당신 자신부터 믿어야 다른 사람을 설득하거나 당신의 뜻대로 할 수 있다.

'자기 신념Self-Belief'은 이 책을 비롯하여 내가 쓴 글들에 자주 등장하는 말이다. 당신의 뜻대로 이루어 내고 모든 일에서 성공적인 결과를 만들기 위해서는 자신에 대한 믿음이 무엇보다 중요하기 때문이다.

자기 신념이 열정을 불러일으킬 만큼 확고하면 사람들도 당신의 열정을 느낄 것이다. 그러면 당신의 제안이나 상품 또는 당신의 방식이 최고의 선택이라고 확신할 것이다.

나는 1972년에 네크워크 마케팅Network Marketing을 했었다. 지금은 다이렉트 셀링direct selling이라고 불리는 이 일을 계기로 나는 자기 신념, 즉 자신에 대한 믿음을 연구하게 되었고 이 믿음의 중요성을 깨달았다.

그때 누군가 나에게 성공하려면 내 스스로 판매하는 상품의 일부가 되어야 한다는 말을 했다. 처음에는 '내가 판매하는 상품의 일부가 된다'는 말을 이해하지 못했다.

하지만 고객들에게 내 상품에 확신을 갖게 하려면 나부터 확신이 있어야 한다는 것을 알게 되었다.

이런 신념을 키우는 최고의 방법은 자신이 판매하는 상품을 직접 사용해 보는 것이다. 내가 사용해 본 적도 없는 물건을 누구에게 팔 수 있겠는가? 자동차 매장에 갔는데 정작 차를 파는 영업 사원은 자신이 판매하는 차를 타지 않는다는 것을 알게 되면, 그 차를 사고 싶은 마음이 생길까? 그 영업 사원은 자신이 판매하는 차를 직접 탈 만큼 그 차에 대한 믿음이 없는 것이다.

당신 스스로에게 "나는 내가 하는 일을 얼마나 믿고 있는가?"라고 물어 보라. 이 물음에 대한 당신의 대답이 사람들을 설득하고, 당신의 뜻대로 할 수 있는 가능성이 어느 정도인지 보여 줄 것이다. 성공하고, 사람들을 설득하고, 당신의 뜻대로 하기 위헤시는 반드시 믿어야 할 것들이 있다.

당신 자신을 믿고, 당신이 하는 말을 믿고, 당신이 판매하는 상품을 믿고, 당신의 회사를 믿어라.

할 수 있다는 생각만으로도 절반은 성공

- 설득력을 기르고 싶다면……
- 다른 사람들을 당신의 뜻대로 설득하고 싶다면……
- 당신의 뜻대로 되기를 원한다면……

그렇다면 설득해야 할 첫 번째 대상은 바로 당신 자신이다. 스스로 확신하지 못하는데 어떻게 다른 사람을 설득할 수 있는가? 당신의 말이 다른 사람에게 자신감 있게 들릴 수 있을까? 절대로 그렇지 않다.

홈쇼핑 채널에서 영양제나 운동 기구를 판매하는 것을 본 적이 있는가? 그런 광고를 보다가 전화기로 달려가 구입한 경험이 당신에게도 있을 것이다. 광고를 하는 사람들은 확신에 가득 차 있고 설득력 있게 말하기 때문에 상품을 구매하게 되는 것이다. 너무나 자신 있게 상품을 선전하는 사람들을 보다가 자신도 모르게 구매를 한다.

하지만 그들이 당신의 지갑을 저절로 열 수 있었던 것은 아니다. 방송 전에 수십 번 혹은 수백 번 준비하고 연습했기에 가능한 것이다.

그렇다면 당신이 상품을 구매한 이유는 무엇일까? 아마도 판매하는 사람들의 말을 믿었기 때문일 것이다.

그 상황에서 어떤 상품을 판매하는지는 중요하지 않다. 그 순간에 사지 않으면 손해 볼 것 같다는 생각이 들었기 때문에 구매한 것뿐이다.

이런 이유들 때문에 실제로는 필요하지 않은 상품들을 사게 된다. 그들은 당신에게 확신을 주기 위해 먼저 자신들이 확신을 갖는다. 당신이 믿게 하기 위해 그들이 자신을 먼저 믿는 것이다.

그러나 '할 수 있다고 생각하는 것'보다 훨씬 더 심오한 비밀이 있다. 그 비밀을 알고 싶다면 책을 계속 읽어라. 그러면 찾게 될 것이다.

"그 사람이 뭘 어떻게 하는지는 모르지만, 그 사람과
함께 있으면 내가 우주의 중심인 것 같아요."

다른 사람을 설득함으로써
그들을 돕게 될 것이라고 믿어라.
당신의 설득에 따른 사람들은
이롭게 될 것이라고 믿어라.

-제프리 지토머

태도의
비밀

자기 신념과 '나는 할 수 있다'는 생각을 유지하는 것은 당신의 태도, 즉 당신의 사고방식에 달려 있다.

당신이 내 책 《예스로 승부하라 Little Gold Book of Yes! Attitude 》를 읽어 보지 않았다면 한 번 읽어 보라고 권한다. 태도는 단지 느낌이나 마음 상태의 표현이 아니라 과학이라는 것을 알게 될 것이다. 더불어 긍정적으로 생각하고 행동하며, 긍정적으로 살기 위해 노력하는 동기가 될 것이다.

당신에 대한 긍정적인 생각 하나하나가 모이면 자신에 대한 믿음도 쌓여 간다. 긍정적인 생각은 자신을 설득하는 토대가 되며, 자신을 설득한다는 것은 "나는 할 수 있다. 해결 방법을 찾을 수 있다. 좋은 결과가 생길 것이다."라고 자신에게 말하는 능력이다.

물론 어떤 과정이든 예외의 상황이 있게 마련이다. 예상하지 못한 좋지 않은 일도 일어날 수 있다. 그러면 마음이 흔들리고 동요될 수 있다. 하지만 그런 위기의 순간에도 "이 일로 인해 어떤 좋은 일이 일어날까?", "어떻게 이 상황을 좋은 방법으로 해결하지?", "이 위기를 기회로 만들려면 어떻게 해야 할까?"와 같은 질문을 하면서 해결책을 찾아야 한다.

비록 설득의 결과가 부정적일지라도 여전히 긍정적인 결과를 희망하고, 긍정적인 결과를 이끌어 내는 방법을 찾아야 한다. 그리고 무엇보다 긍정적인 결과가 나올 것이라고 믿어야 한다.
'가능하다'에 반대되는 사고는 '그만두다'이다. 이는 가장 쉬운 방법이다. 일에서 손을 떼어 버리거나 포기하는 것이다.
자신에 대한 긍정적인 믿음이 있고, 긍정적으로 생각할 때 나타나는 긍정의 태도는 다음과 같은 기반을 마련해 준다.

- 일과 원하는 것에 열정을 갖게 된다.
- 사람들에게 확신을 심어 준다.
- 사람들을 설득한다.
- 당신의 생각에 동의하게 한다.

이 책에서 앞으로 언급할 요소들은 자신의 뜻대로 할 수 있는 전략과 방법들이다. 하지만 자신의 뜻대로 하기 위해서는 무엇보다 자신에 대한 믿음과 'Yes!'라는 긍정의 태도가 중요하다.

이 책의 도입 부분에서는 다른 사람을 설득하고 자신의 뜻대로 관철하는 데 필요한 자질과 기본 원칙을 다룬다. 이 기본 원칙들을 완전히 익힐 때까지 수시로 읽어라.

생각과 믿음은 당신의 열정과 신념을 세우는 벽돌이다. 열정과 신념의 벽돌에 태도를 더 얹고, 그런 다음 콘크리트와 철근으로 단단하고 변함없는 정신의 토대를 세워라.

당신의 뜻을 이루는 기본 요소

항상 내 뜻대로 해 왔는데
이런 원칙들이 왜 필요하죠?
당신 뜻대로 하는 것과
다른 사람을 움직이는 것에는
차이가 있기 때문이죠.

삐걱거리는 바퀴는
뜻을 이룬다

"삐걱거리는 바퀴에 기름칠한다The squeaky wheel gets the oil."는 말이 있다. 바퀴는 "저기요, 기름이 필요해요!"라며 삐걱거리는 소리를 내는 것이다. 사람들은 삐걱거리는 소리가 거슬린 나머지 바퀴에 기름칠을 하는 것이다.

이렇게 남을 성가시게 해서 뜻을 관철하는 것은 좋은 방법이 아니다. 하지만 설득의 과정을 이해는 첫 단계로는 좋은 예가 된다.

자신의 뜻대로 하려면 삐걱거리는 소리를 어떻게 내는지 배워야 한다. 그리고 소리 내는(말하는) 방법에 대해서는 뒤에서 다루겠지만, 이미 감은 잡았을 것이다.

자신의 뜻을 이루기 위해서는 먼저 그렇게 될 것이라는 확신이 있어야 한다. 적절한 계획을 세우고, 글쓰기와 프레젠테이션 기술도 익혀야 한다. 계획을 실행하면서 현실에 맞게 수정이 필요할 수도 있다. 그런 다음 자신의 뜻대로 할 수 있을 때까지 인내심을 갖고 지속해 나간다.

그러나 항상 자신의 뜻을 관철할 수는 없다. 하지만 기술을 갈고 닦으며 믿음을 갖고 원하는 것을 향해 나아가면, 자신의 뜻대로 관철하는 경우가 많아질 것이다.

설득과
자신의 뜻대로 하는 것

앞에서 언급했듯이 누구나 자신의 뜻대로 되기를 바란다. 이는 보편적인 진리 중의 하나이다.

당신은 아기 때부터 당신의 뜻을 이루려고 애써 왔다. 기저귀가 젖거나 배가 고플 때, 또 피곤할 때면 무조건 울었다. 우는 것 외에는 다른 의사 전달 방법이 없었다. 그래도 효과는 항상 있었다.

하지만 울어서 문제를 해결하는 건 아기 때나 쓸 수 있는 방법이다. 자라면서 감성적 호소와 말로도 의사 표현을 할 수 있게 되었다. 유년기에는 짜증을 내거나 떼를 써서 원하는 걸 얻으려 한다. 부정적인 방법이긴 하지만 이것 역시 확실히 효과가 있다.

성장기의 경험은 사람을 설득하고 자신의 의지대로 하는 능력에 큰 영향을 미친다. 물론 성격에도 영향을 미친다.

외향적이고 사교적이며, 적극적이고 자기주장이 뚜렷한 사람들은 얌전하고 온화한 사람들보다 '운'이 더 많이 따른다.

당신은 여전히 당신의 뜻대로 하는 방법을 찾기 위해 애쓰고 있다. 당신은 이미 경험을 통해 조종의 기술을 익혔을지도 모르고, 당장 당신의 뜻대로 해야 할 급박한 상황에 처해 있을 수도 있다. 그렇다면 이제는 이전과 다른 방법으로 당신의 뜻대로 하는 방법을 찾아야 할 때다.

어떤 사람들은 책이나 강의를 통해 설득적인 조종의 기술을 배운다. 또 어떤 사람들은 시행착오를 거치면서 스스로 터득하기도 한다.

그러나 당신은 이들과 다르다. 당신은 사람을 확신시키고 설득하는 방법을 배우고 있으며, 앞으로는 이 방법들을 활용하게 될 것이다. 현재 상황을 개선하기 위해 왜 자신의 뜻대로 해야 하는지, 그리고 어떤 변화가 필요한지 알아야 한다. 아래의 원칙들을 통해 그것들을 이해하게 될 것이다.

뜻대로 하려면 확신시켜야 한다

사람들을 확신시키기 위해서는 먼저 자기 자신이 확신(24~31페이지 참고)을 가져야 한다. 이와 함께 메시지를 분명히 전달할 수 있는 능력을 갖춰야 한다.

가장 먼저, 당신이 전하는 메시지를 사람들이 잘 이해할 수 있어야 한다. 또 사람들이 갖고 있는 "그래서 내게 돌아오는 게 뭐지_{WIFM, What's in it for} _{me}?"라는 의문을 풀어 주어야 한다. 그래야 사람들을 설득할 수 있다.

다른 사람을 확신시키기 위해 필요한 요소는 자신에 대한 확신, 믿음, 솔직함, 가치의 제공이다.

뜻대로 하려면 영향력이 있어야 한다

사람들이 "그는 영향력 있는 사람이야."라고 말하는 것을 들어 봤을 것이다. 이 말에는 수많은 사전적 정의가 함축되어 있다. 그러나 현실에서 영향력 있는 사람이란, 다른 사람의 입장에서 생각하면서 그들의 마음과 행동을 변화시킬 수 있는 사람을 의미한다.

이런 사람들이 영향력을 행사하는 방법은 매우 강력하다. 다른 사람에게서 돈이 나오게 하고, 사람의 마음을 변화시키고, 태도나 행동을 바꾸게 만들 수 있다.

비밀은 바로 이것이다. 영향력 있는 사람이 된다는 것은 사람들이 당신의 메시지를 진지하게 받아들일 만한 평판과 인품, 진실성, 그리고 사회적 지위를 갖고 있다는 뜻이다. 그리고 당신의 평판과 인품과 진실성, 그리고 사회적 지위는 당신의 전문성과 경력, 성공 경험에서 비롯된다.

또한 영향력 있는 사람은 실제적이고 개인적인 힘을 갖는다. '영향을 미치는 능력'이라는 말을 당신도 들어 봤을 것이다.

다른 사람에게 영향을 미치는 능력은 사람들이 당신을 어떻게 인식하느냐(또는 믿느냐)에 달려 있다. 어떤 곳에서는 당신이 영향력 있는 것 같지만, 다른 곳에서는 그렇지 않을 수 있다. 그러나 당신에 대한 평판이 좋을수록 다른 사람에게 영향을 미칠 가능성은 더 높아진다.

다른 사람에게 영향을 미치는 데 필요한 요소는 인격과 진실성, 사회적 지위와 성공 경험, 그리고 당신에 대한 평판이다.

뜻대로 하려면 프레젠테이션 기술이 필요하다

당신이 사람들에게 영향을 미치고, 그들을 확신시키려면 반드시 메시지 전달 능력이 필요하다. 당신 주위를 둘러보면 프레젠테이션 기술을 익힐 수 있는 모임이나 강의가 있을 것이다.

그러나 설득 분야에서 의외로 프레젠테이션 기술은 관심을 받지 못하고 제대로 연구되지 못했다.

CEO부터 중간 관리자에 이르기까지 프레젠테이션 기술이 형편없는 사람들에게 1달러씩만 걸었어도 난 억만장자가 됐을 것이다.

이 책은 프레센테이션 기술에 내한 정보를 많이 담고 있다. 딩신은 이 책을 통해 프레젠테이션과 설득의 기술, 확신을 주는 능력을 강화할 수 있다. 그리고 이 기술들을 완전히 익히면 설득의 힘을 어떻게 활용하는

당신의 뜻대로 하는 것은
단지 당신만을 위한 것이 아니다.
때때로 당신의 뜻대로 한다는 것은
다른 사람들도 그들의 뜻대로 한다는 것을 의미한다.

−제프리 지토머

지 알게 되고, 사람들은 더 적극적이고 긍정적으로 당신의 메시지를 받아들일 것이다.

설득력 있는 프레젠테이션의 기술은 열정과 확신, 쉬운 예를 들고, 다른 사람들이 공감하고, 행동할 수 있게 메시지를 전달하는 능력이다.

뜻대로 하려면 이야기꾼이 되어야 한다

이야기를 좋아하지 않는 사람은 없다. 사람들은 항상 다른 사람의 이야기를 듣고 싶어 한다. 짧든 길든 남들의 이야기는 흥미롭다. 그렇기 때문에 수많은 종류의 책들이 팔리는 것이다.

나는 특히 짧은 이야기를 좋아한다. 곧바로 본론으로 들어갈 뿐 아니라 마지막에 예상치 못한 반전이 있는 경우가 많기 때문이다. 또한 짧은 이야기는 하루나 한 시간 만에 다 읽을 수 있어서 뿌듯하기까지 하다.

이야기 속에는 드라마가 있다. 사람들은 TV 드라마, 즉 '다른 사람들의 드라마'에 많은 시간을 쓴다. 나는 다른 사람의 드라마를 듣거나 보기보다는 내 이야기를 쓰고 말하는 것이 더 좋다. 하지만 내가 존경하는 사람들의 이야기는 좋아한다. 그들의 이야기에는 배울 점이 많기 때문이다.

당신은 어떤 이야기를 하는가?

당신이 어떻게 이야기하는지 생각해 보자. 간혹 사람들이 "전 이야기하는 데 별로 소질이 없어요!"라든지 "제가 농담을 하면 썰렁해져요!"라고 말하는 걸 듣는다.

왜 시작도 하기 전에 스스로 무덤을 파는가? 차라리 "제가 이야기를 재미있게 해 보도록 할게요. 한번 들어 봐 주시겠어요?"라고 말하는 게 낫지 않을까? 작은 생각의 변화가 저절로 이야기를 더 잘하게 만들어 준다.

이야기는 은유적으로 의미를 전달하거나 비슷한 예를 들어서 메시지를 전달할 수 있게 한다. 이 두 가지 요소는 설득력이 있을 뿐 아니라 공감할 수 있기 때문에 사람들에게 확신을 준다. 이는 가장 강력한 설득의 요소이기도 하다.

설득력 있게 이야기하려면 자신감을 갖고 주제와 관련된 의미 있는 이야기를 해야 한다. 또한 이야기를 하는 동안 퍼포먼스의 요소를 가미할 수 있는 프레젠테이션 기술과 연기 실력도 있어야 한다.

뜻대로 하려면 설득력 있는 글쓰기 기술이 필요하다

나는 전에 〈부자가 되기 위한 글쓰기〉라는 글을 쓴 적이 있다. 글을 쓴다는 것은 자신의 지식을 축적하는 토대가 되기도 한다. 글을 쓸수록 자신의 생각을 더 명확히 할 수 있기 때문이다. 다른 사람에게 부탁해서라도 자신이 쓴 글을 여러 번 다듬으면 사람들이 당신의 글을 더 쉽게 이해할 것이다. 설득의 과학과 뜻대로 하기 위한 기술에서 글(편지 혹은 제안서, 이메일, 설명서가 될 수도 있다)은 매우 중요하다.

가장 좋은 예로 이베이eBay, 온라인 경매·인터넷 쇼핑몰 회사로 한국에서는 G마켓, 옥션, 어바웃 등을 운영하고 있음를 들 수 있다. 판매자가 올려놓은 설명서를 읽다 보면 종종 상품을 입찰하거나 심지어는 '바로 구매' 버튼을 누르고 싶은 충동이 생긴다. 이베이는 상품 구매로 이어지는 글을 쓰는 완전히 새로운 시대를 연 것이다.

이 이베이의 개념은 매우 영향력이 있어서 '이베이에서 물건 파는 방법'이나 '이베이에서 돈 버는 법' 같은 강의들이 속속 생겨나기도 했다. 이 강의들의 주제는 '사람들이 이베이에서 당신의 상품을 구매하도록 설득력 있게 글 쓰는 방법'이다. 그러나 글쓰기는 보다 폭넓게 영향력을 발휘한다. 이베이는 글이 얼마나 중요한지 보여 주는 하나의 예일 뿐이다.

링컨 대통령도 게티즈버그 연설Gettysburg Address, 1863년 링컨이 게티즈버그에서 한 연설. '국민의, 국민에 의한, 국민을 위한 정치'로 민주주의를 정의한 것으로 유명함을 하기 전에 그 내용을 연설문을 담은 봉투 뒷면에 적어 봤을 것이고, 노래 가사가 노래로 불려지기 전에도 처음엔 글의 형태로 옮겨진다. 브로드웨이 뮤지컬이나 영화 시나리오도 마찬가지다. 또 교회에서 들은 감동적인 설교를 생각해 보자. 목사님도 설교를 하기 전에 내용을 미리 써 보고 리허설도 할 것이다.

나는 1992년부터 전문적으로 글을 써 왔다(전문적으로 글을 쓴다는 것은 글을 쓰고 돈을 받는다는 것을 말한다). 나는 좀 더 나은 글을 쓰려고 부단히 노력했다. 내 생각을 좀 더 명료하고 설득력 있게, 또 내가 제시하는 전략과 방법들을 더 훌륭하게 보이게 해서 사람들이 나의 생각을 받아들이고 자신들에게 적용할 수 있게 했다.

내 글을 읽은 독자들은 내 조언대로 실천해서 좋은 성과를 내고 있다는 내용의 카드나 이메일을 보내곤 한다. 또 내 책들은 지금도 서점에서 잘 팔리고 있다. 이런 것들을 고려할 때 나의 글은 설득력이 있다고 평가해도 될 것 같다.

설득력 있는 글쓰기의 요소는 명료성, 창의성, 뚜렷한 견해, 사람들을 미소 짓게 하고, 글에서 눈을 뗄 수 없게 만드는 적절한 유머이다.

뜻대로 하려면 메시지 전달 능력이 중요하다

당신의 뜻대로 하기 위해서는 공감을 이끌어 내는 것이 매우 중요하다. 아마 가장 중요한 요소 중 하나일 것이다. 물론 사람마다 다르게 생각할 수 있지만 나는 가장 중요하다고 생각한다.

이번 part에서 강조한 메시지, 아이디어, 프레젠테이션, 이야기, 글

<u>은 다른 사람의 공감을 이끌어 낼 수 있을 때에만 성공적인 설득의 요소가 된다.</u>

'공감한다'는 개념을 이해하려면 사람들이 공감하게 되는 과정을 알아야 한다. 이는 당신의 말을 듣거나 글을 읽는 사람이 '맞아, 나도 할 수 있을 거 같아. 해 봐야겠어!'라고 생각하게 만드는 것이다.
다시 말해, 당신의 메시지를 전달받는 사람이 그 메시지를 이해하고 자연스럽게 받아들여 행동하게 만드는 것이다.

공감을 이끌어 낸다는 것이 어렵게 느껴질 수도 있지만, 일단 당신의 말이나 글이 이해되면 공감하기가 쉬워진다. 또 공감의 가장 큰 장점은 강력한 효과가 있다는 것이다.
공감을 이끌어 내면 보다 쉽게 사람들에게 확신을 주고 설득할 수 있다. 또한 사람들이 자신의 선택을 확신하면 당신에게 도움이 되는 행동을 할 수 있다. 이는 그들 자신에게도 유익한 선택이지만 결국 당신에게 도움이 되는 선택이다.

공감한다는 개념이 조금 생소할지라도 전혀 접해 본 적 없거나 복잡한 내용은 아니다. 또 공감할 수 있게 이야기하는 능력은 누구나 쉽게 배우고, 일단 배우면 쉽게 활용할 수 있으며 마침내 자신의 것으로 마스터할 수 있다.

공감하기의 기본은 다른 사람들이 좋아하고, 믿고, 그들에게 유익한 방법으로 할 수 있다는 확신을 주도록 메시지를 전달하는 것이다.

지금까지 뜻대로 하기 위해 필요한 요소들을 살펴보았다. 이제 다른 사람들은 물론 당신에게도 도움이 되는 방식으로 그 요소들을 활용하고 적용해야 한다. 그리고 마침내 당신의 것으로 만들어야 한다.

타협의
과학

어린 시절, 나는 아버지가 협상하는 모습을 자주 보면서 자랐다. 아버지는 자신의 뜻을 이루는 데 아주 능숙했다. 거래가 성사된 후 아버지는 나에게 "제프리, 네가 받아들이기 어려운 제안은 다른 사람들에게도 해서는 안 된다."라고 말씀하셨다. 당시 나는 그것이 꽤 좋은 전략이라고 생각했다. 그리고 지금도 여전히 설득을 할 때 반드시 고려해야 할 사항이라고 믿는다.

각자의 뜻대로 하고 싶어 하는 두 사람이 있다고 하자. 공교롭게도 이 두 사람의 방식은 전혀 다르다. 이럴 때는 다른 방식이 있어야 하는데, 이 새로운 방식은 타협을 통해 제시되어야 한다. 왜냐하면 서로 양보하고 양보받기도 하면서 서로에게 맞는 방식을 찾아가야 하기 때문이다. 이는 일종의 교환 형태, 또는 해결의 형태라고 볼 수 있다.

타협의 첫째 열쇠는 당신이 얼마나 양보할 수 있는지 아는 것이다. 둘째 열쇠는 상대방에게 매달리거나 강하게 밀어붙이기보다는 질문을 통해 타협의 중간 지점을 찾는 것이다.

질문은 상대방을 이해할 수 있게 해 준다. 예를 들면 "존슨 씨, 제 방식 대로 하면 어떨 것이라고 생각하세요? 존슨 씨 입장에서는 어떤 면이 좋지 않은가요?"와 같은 질문으로 당신의 방식이 다른 사람에게 어떤 면에서 좋지 않은지 찾아낼 수 있다. 이로써 어떻게 타협해야 하는지, 당 신이 상대방의 부분적인 만족을 위해 흔쾌히 포기할 수 있는 것이 무엇 인지 알게 된다.

타협을 할 때 당신은 어느 정도까지 양보할 수 있는가? 자신의 뜻대로 관철하기 위해 얼마만큼 양보할 수 있는가?
타협을 통해 원하는 것을 모두 얻는 사람은 없다. 훌륭한 타협을 이끌어 내기 위해서는 공정함이 기반이 되어야 한다. 당신은 타협의 결과에 만 족하는가? 상대방도 결과에 만족하는가?

타협은 과학이지만 공식이 없는 과학이다. 타협을 위해 필요한 것들은 이미 앞에서 언급했다. 당신이 기꺼이 먼저 포기할 수 있는 것이 무엇인 지 파악해야 한다. 그리고 질문을 통해 상대방이 필요로 하는 것을 알 아내야 한다.

설득이나 자신의 뜻대로 하는 데 필요한 전략들과 마찬가지로 장기적인
관점에서 결과를 고려해야 한다. 또한 당신의 기대에 어긋나는 결과에
대해서도 고려해야 한다. 이런 과정은 타협을 성공적으로 이끌어 낼 뿐
아니라 당신이 더 나은 삶을 살 수 있도록 도와준다.

당신의 뜻을 이루는
설득

나는 섣득하려고 사람들의 얼굴을 핥아요.
나는
야옹거리거나
사람들 무릎에
뛰어올라 앉지요.

나는 얼굴을 핥거나
야옹 소리를 낼 줄
모르기 때문에
기본 원칙을 배워야 해!
G

설득의
힘

그동안 몇 번이나 사람들에게 설득당해 그들의 뜻대로 했는지 생각해 보자. 그동안 몇 번이나 당신의 뜻대로 사람들을 설득하는 데 성공했는지도 생각해 보자.

무엇이 차이를 만드는 것일까? 당신을 설득시켰던 사람들은 다른 사람들보다 더 열정적이고 훌륭한 설득의 기술을 갖고 있었는가? 아마도 그들은 권위를 이용해 강압적으로(부모나 직장 상사가 하는 것처럼) 자신의 뜻대로 당신을 움직이게 했을 것이다.

당신의 방식이 아닌 그들의 방식으로 일하는 내내 당신은 불평했을 것이다. 누가 이겼는지를 떠나서 설득의 기본 원칙은 이긴 사람이 진 사람보다 설득을 더 잘한다는 것이다.

나는 당신에게 설득에 필요한 모든 기술을 가르쳐 줄 수 있다. 그러나 무엇보다 중요한 것은 그 기술들과 함께 당신이 읽고 있는 설득의 힘을 잘 활용하려면 근본적으로 자신에 대한 확고한 믿음이 있어야 한다. 일부만 믿는 것이 아니라 모든 것을 다 믿는 것이다. 그리고 이 믿음으로 설득하는 것이다.

당신의 성적표는 당신이 이기거나 당신의 의지대로 관철한 성공 기록들을 보여 주는 것이 아니다. 당신의 성적표는 사람을 설득해 나가면서 쌓게 될 당신의 평판을 보여 주게 될 것이다. 사람들이 당신에게 설득당하고 난 다음 뒤돌아서서 당신에 대해 어떻게 말할까?

단 하루 만에 설득의 힘을 활용할 수는 없지만 꾸준히 노력하면 설득의 힘을 활용하는 능력이 점차 좋아질 것이다.

"설득을 잘하면 개 목걸이와 목줄도 필요 없다고요."

자신의 뜻대로 관철한다는 것은 사람들이 당신의 의견에 동조하거나 당신의 방식을 따르기로 한 결정에 만족하게 만드는 것이다. 훌륭한 설득 '방법'에 대해서는 좀 더 이해가 필요하다.

사람들을 설득하고 당신의 뜻대로 관철하기 위해 필요한 9개의 능력들을 알아보자.

1. 무엇을, 왜, 어떻게 설명하기

사람들은 처음에는 회의적일 것이다. 그래서 속으로 이런 생각을 한다. "이게 뭐지?" "어떻게 효과가 있다는 거지?" "이 사람은 왜 내가 그렇게 하기를 원하는 걸까?" "왜 나한테 물어보는 거지?" "목적이 뭘까?" "이게 나랑 무슨 상관이 있지?" "나한테 돌아오는 건 뭐지?" "이렇게 되면 나는 어떤 영향을 받는 걸까?" "어떻게 해야 내가 유리하게 이끌 수 있을까?"

이때 당신은 타당한 설명으로 이런 의구심들을 해소시킬 수 있어야 한다.

2. 얻는 것이 있다고 믿도록 설명하기

사람들은 당신의 뜻대로 해서 얻는 것이 있다고 생각할 때 동조할 가능성이 높아진다.

3. 진정성 보이기

확신에 찬 당신의 모습에 사람들이 구매를 결정할 수도 있다. 하지만 거짓된 진정성은 티가 나기 때문에 반드시 밝혀진다.

4. 신뢰 만들기

다른 사람들이 공감할 수 있게 말했는가? 사람들은 공감할 수 있을 때 믿는다.

5. 질문하는 기술

이 기술은 당신의 뜻대로 관철하고 설득하는 과정에서 매우 중요한 비결 중 하나이다. 당신에게 필요한 말만 하지 말고 그들과 관련된 질문을 하라. 그들이 공감할 수 있는 질문을 통해 당신이 바라는 방향으로 반응을 이끌어 가야 한다. 강력한 설득은 강력한 질문에서 비롯된다. 그들의 의견을 물어보라. 그들의 전문 분야, 그들의 경험에 대해 질문하라.

6. 커뮤니케이션 기술

자신의 커뮤니케이션 기술에 점수를 매긴다면 몇 점을 주겠는가? 자신의 지식을 뽐내듯이 정신없이 이야기를 쏟아 내지는 않는가? 자신이 회의에서 발표하는 모습을 녹화해서 본 적은 있는가? 자신의 모습을 직접 볼 때까지는 어떤 모습일지 아마 상상도 못할 것이다.

7. 생동감 있게 이야기하는 능력

사람들이 당신의 이야기를 들으면서 생동감 있게 느끼고 상상할 수 있게끔 말하는가? 자료와 수치는 쉽게 잊히지만 이야기는 오랫동안 기억에 남는다.

8. 좋은 평판 얻기

좋은 평판은 영향력이 매우 크다. 당신의 평판에 따라 사람들이 저절로 설득되기도 하고 거절하기도 한다.

9. 성공 경험

과거에 성공한 사례가 많을수록 당신을 대하는 사람들의 태도가 달라진다. 승리에 찬 당신의 태도는 또 다른 승리를 불러온다. 이는 당신이 다른 사람을 설득하고 당신의 의지대로 관철하고자 할 때 더욱 빛난다.

위에 언급한 것 중에서 단 하나만으로는 설득의 과정을 완성할 수 없다. 모든 요소들을 당신의 것으로 만들 때 더욱 설득력 있게 당신의 뜻을 관철할 수 있다.

설득과
개인의 능력

당신에게 마틴 루터 킹_{Martin Luther King, Jr.} 목사의 〈나에게는 꿈이 있습니다〉라는 연설 비디오와 케네디_{John F. Kennedy} 대통령의 취임식 연설 비디오를 보라고 추천한다. 이 두 연설은 대중을 설득하는 가장 좋은 예이다.

마틴 루터 킹 목사는 50만 명 이상의 군중들이 모인 링컨기념관에서 역사적인 연설을 했다. 〈나에게는 꿈이 있습니다〉로 잘 알려진 이 연설은 20분도 채 안 되지만 앞으로도 수백 년 이상 사람들에게 깊은 영향을 줄 것이라 확신한다.

링컨의 게티즈버그 연설과 마찬가지로 마틴 루터 킹 목사는 과거, 현재 그리고 미래에 무엇이 가능한지 이야기한다. 단어 하나하나까지 심혈을 기울여 선택한 킹 목사의 연설은 매우 힘차고 열정적으로 나에게 전달

되었다. 나는 이전에 이와 같은 연설을 들어 본 적이 없다.

나는 킹 목사의 연설 비디오와 오디오를 모두 갖고 있는데, 이 연설을 들을 때마다 감정이 격해져서 눈시울을 적실 때가 많다. 킹 목사는 연설이 거의 끝날 때까지 "나에게는 꿈이 있습니다."라는 말을 하지 않았다. 대신, 연설하는 내내 50만 명의 사람들이 꿈을 좇게 만들었다.

케네디의 연설은 도전으로 가득 차 있다. 그는 미국과 미국민들이 가진 기회에 대해 말한다. 그는 취임식 연설 마지막에 "국가가 당신을 위해 무엇을 할 것인지 묻지 말고, 당신이 국가를 위해 무엇을 할 것인지 생각하십시오!"라고 말하면서 국민들에게 도전 과제를 던져 주었다.
케네디 대통은 1961년 1월에 이 연설을 했는데, 당시와 마찬가지로 오늘날에도 매우 중요한 내용이다. 케네디의 연설은 시대를 초월한 고전이다.

당신이 공직에 출마하거나 시민운동을 하라고 이 두 사람의 연설을 권유하는 것은 아니다. 그러나 당신이 설득의 힘을 알고, 설득의 힘을 활용하고 싶다면 강렬하고 설득력 있는 연설이나 프레젠테이션을 연구해야 한다. 다른 사람들의 훌륭한 연설이나 프레젠테이션은 당신에게 분명 자극이 될 것이다.
뿐만 아니라 당신의 영향력 범위 내에서 무엇을 성취하고, 또 무엇을 열

한 사람에 대한 궁극적인 평가는
그 사람이 도전과 논쟁의 순간에 있을 때 내려진다.

-마틴 루터 킹 1929~1968

목적과 방향이 없으면
노력과 용기만으로는 충분하지 않다.

-존 F. 케네디 1917~1963

당신에게 힘이 있어도
활용하지 않으면 아무 소용이 없다.

-제프리 지토머

망해야 하는지 그 기준을 제시할 것이다.

당신에게는 꿈이 있는가? 그렇다면 당신의 꿈을 다른 사람들과 함께 공유하려는 열정을 가져야 한다. 그리고 당신의 꿈을 실현하는 데 그들의 도움을 받도록 하라.

관심의 힘
이해하기

예전에 내가 세일즈를 할 때, 세일즈 과정에서 고객의 관심을 끌면 세일즈가 성사된다는 것을 알게 되었다. 그래서 그 뒤로는 고객의 관심을 끌 수 있는 방법들을 연구하기 시작했다.

나는 강연을 할 때 이런 말을 한다.

"고객이나 잠재 고객이 '관심 없어요.'라고 말한다면, 상품에 관심이 없다는 것이 아닙니다. 바로 당신에게 관심이 끌리지 않는다는 말입니다. 잠재 고객은 절대로 '당신에겐 관심을 끌 만한 게 없네요.'라고 직접 말하지 않습니다. 상품에 관심이 없는 이유를 예의상 당신이 아니라 자신의 탓으로 돌리는 것입니다."

"관심 없어요!"라는 말은 문제의 증상이고, 당신이 세일즈 과정에서 잠재 고객들의 관심을 끌지 못했다는 것이다. 고객의 관심을 끌어 당신과 대화를 하게 하거나, 당신의 가치를 발견하게 만드는 데 실패한 것이다. 잠재 고객들이 생각해 보고, 새로운 정보를 받아들이고, 당신이 바라는 방향으로 반응을 이끌어 낼 수 있는 적절한 질문을 했을 때 비로소 관심을 이끌어 낼 수 있다.

관심이 없으면 대화만 불가능한 것이 아니다. 사람들의 관심을 받지 못하면 사회생활의 대인 관계와 비즈니스의 거래 성사, 또 회사에서의 승진도 힘들어진다. 관심을 끌지 못하면 단순한 문제를 해결하는 능력도 발휘하지 못한다.
설득이나 프레젠테이션과 마찬가지로, 관심은 당신 자신보다는 고객과 관련된 일로 관심을 이끌어 낼 때에만 유용하다.

설득에 있어서 관심은 접착제 같은 역할을 한다. 관심은 프레젠테이션을 하는 데 있어서도 접착제 역할을 한다. 당신은 원하는 대상을 모두 설득시킬 수 있고, 원하는 것을 모두 프레젠테이션할 수 있다. 하지만 사람들에게 관심을 끌지 못한다면 당신의 뜻대로 관철시킬 수 없다.

다른 사람의 관심을 사려고 애쓴 2년보다

다른 사람에게 관심을 쏟은 2개월 동안에

더 많은 친구를 사귈 수 있었다.

-데일 카네기Dale Carnegie

고객이 관심 없다고 말하는 것은 상품이 아니다.

당신에게 관심을 가질 만한 게 없다는 뜻이다.

-제프리 지토머

당신의 뜻을 이루는 필수 요소

내가 30초 개인 광고만 하면
왜 모두 냉장고로 달려가서
먹을 것을 끼내지요?

당신 말이 듣기 싫다는 걸
정중하게 표현하는 거지요.

발표자의 전문성을 향상시키는 방법

사람들에게 쉽게 잊히지 않고, 오래도록 기억에 남을 프레젠테이션을 하려면 어떻게 해야 할까? 모든 면에서 발표자가 아마추어처럼 보여서는 안 되며, 철저한 준비로 청중의 관심을 끌어야 한다. 발표자의 전문성을 향상시키고 관심을 끄는 방법을 소개한다.

1. **준비하라.** 발표 내용, 유머, 전달 속도, 억양, 제스처, 열정, 친근감, 이야기, 간결함을 준비해야 한다. 그러기 위해서는 청중에 대해 알고 있어야 한다. 참석자들에게 예상 질문을 던져 성향을 파악해 둔다.

2. **나에게 하는 9개의 질문**
   - 내게 주어진 시간은 얼마인가?

- 이것이 내가 할 수 있는 가장 호소력 있는 메시지인가?

- 내가 전달하려는 요점은 무엇인가?

- 나는 사람들의 관심을 끌고 있는가?

- 어떤 것으로 청중의 마음을 움직일 것인가?

- 내가 전달하려는 메시지는 명확한가?

- 가장 좋은 방법으로 전달하는가?

- 프레젠테이션을 마친 후 청중이 어떻게 반응하기를 원하는가?

- 프레젠테이션을 마친 후 청중이 나에게(또는 나에 대해) 어떤 말을 하길 원하는가?

위의 질문들에 대한 답은 당신의 프레젠테이션 능력을 더욱 강화시켜 줄 것이다. 당신의 목적은 청중이 당신의 생각대로 따를 수 있게 메시지를 전달하는 것이다.

3. 솔직하게 당신을 평가해 줄 사람들 앞에서 연습하라.

4. 연습한 것을 녹음하라. 녹음한 것을 들어 보고 끔찍하다는 생각이 든다면, 청중도 똑같이 생각한다. 그게 바로 당신의 현실이다. 수정하라.

5. 지겨워질 때까지 녹음한 것을 듣고 또 들어라. 강조할 부분을 정한 다음 기억해 두고 어색한 부분은 뺀다. 그리고 다시 녹음한다.

6. **실제 상황인 것처럼 연습하라.** 매번 실제 상황인 것처럼 연습한다.

7. **당신의 가족이나 친구가 당신을 제정신이 아니라고 생각한다면, 제대로 하고 있는 것이다.**

8. **최종 연습을 하기 전에 평가해 줄 사람을 정하라.**

9. **최종 연습 장면을 녹화하라.**

10. **녹화한 것을 두 번 본다.** '다시는 해서는 안 되는 것'이라는 리스트를 만들어 3년 동안 지니고 다녀라.

사람들의 기억에 남을 만한 발표를 하는 데 필요한 요소들을 알아보았다. 계속해서 나오는 전략들은 당신의 프레젠테이션이 사람들의 관심을 끌 수 있게 도와줄 것이다. 단지 목록을 읽는 것으로 끝내지 말고 목록에 있는 각 항목들을 꾸준히 실천하면 멋진 프레젠테이션을 할 수 있을 것이다.

1. 긴장을 풀어라. 프레젠테이션을 하는 것이지 재판을 받는 것이 아니다.

2. 준비를 많이 할수록 긴장감은 줄어든다.

3. 청중에게 호감을 사라. 가능한 빨리.

4. 프레젠테이션을 시작할 때 감사의 말로 시작하지 마라. 마치 대화 중이었던 것처럼 시작하고, 가능한 빨리 사람들의 관심을 끌도록 하라.

5. 유머 감각이 있으면 사람들과의 교감이 쉬워진다. 유머는 사람들의 관심을 끈다.

6. 사람들은 당신에게 신경을 쓰지 않는다. 자신들에 대해서만 신경을 쓴다. 그러므로 그들과 관련이 있는 것에 대해 말하라.

7. 철저히 준비된 자료는 스타일보다 더 중요하다. 완벽하게 준비된 자료는 발표자의 멋있는 옷차림보다 중요하다.

8. 당신의 스타일과 옷차림은 당신의 자료를 더 돋보이게 한다.

9. 공감할 수 있는 것들을 말하라. 그래야 사람들과 공감대를 형성할 수 있다.

10. 청중보다 많이 알아야 한다. 그러나 눈높이는 청중에 맞춰서 프레젠테이션을 해야 한다.

11. 당신만의 특징적인 말이나 제스처를 활용하라. 사람들이 흥미롭게 생각해야 한다.

12. 청중에 대해 파악하라. 프레젠테이션에 앞서 청중의 직업과 그들의 특성을 파악해야 한다.

말하는 연습을 더 많이 하고 더 나아질수록 당신의 뜻대로 되는 것이 많아질 것이다.

사람들은 당신이 말을 시작한 지
몇 분도 안 돼서 당신을 좋아할 것인지
싫어할 것인지 결정한다.
당신이 그들에 대해 더 많이 말하고
물어볼수록 당신에게 호감을 갖는다.

−제프리 지토머

프레젠테이션이 한창 진행되고 있을 때 당신의 모습과 태도가 사람들의 관심을 끌고 설득 능력을 배가시킨다. 물론 그 반대가 될 수도 있다. 아래의 항목들은 이미 당신이 알고 있거나 들어 왔던 것들이다. 즉, 문제를 알고 있으면서도 실천하지 못했다는 뜻이다. 아래의 셀프 테스트를 해 본 뒤 친구나 직장 동료(가능하다면 당신의 상사도 포함해서)에게도 이 테스트로 당신에 대한 평가를 부탁해 본다.

현재 당신의 모습과 가장 유사한 숫자에 표시한다.

1=절대 아니다. 2=거의 그렇지 않다. 3=가끔 그렇다. 4=자주 그렇다. 5=항상 그렇다.

■ 나는 바른 자세를 갖고 있다.

1 ☐	2 ☐	3 ☐	4 ☐	5 ☐

■ 내 눈은 멍하고 충혈된 피곤한 눈이 아니라 맑고 총명하다.

1 ☐	2 ☐	3 ☐	4 ☐	5 ☐

■ 내가 말을 전달하는 속도는 적절하다.

1 ☐	2 ☐	3 ☐	4 ☐	5 ☐

■ 나는 자신감을 드러내면서 상대방의 눈을 보며 대화한다.

1 ☐	2 ☐	3 ☐	4 ☐	5 ☐

☐ 나는 담배를 피워도 몸에서 담배 냄새가 안 나게 한다.

1 ☐   2 ☐   3 ☐   4 ☐   5 ☐

☐ 나는 상황에 맞는 옷차림을 한다.

1 ☐   2 ☐   3 ☐   4 ☐   5 ☐

☐ 나는 말끔하게 보이고, 옷들은 잘 다림질되어 있다.

1 ☐   2 ☐   3 ☐   4 ☐   5 ☐

☐ 나는 상대하는 사람만큼 또는 그보다 더 전문성 있어 보인다.

1 ☐   2 ☐   3 ☐   4 ☐   5 ☐

☐ 나는 최고급 액세서리(서류 가방, 시계, 만년필 등)를 하고 다닌다.

1 ☐   2 ☐   3 ☐   4 ☐   5 ☐

☐ 나는 일을 시작하기 전에 만반의 준비가 되어 있다.

1 ☐   2 ☐   3 ☐   4 ☐   5 ☐

☐ 나는 마음가짐이 편안하다.

1 ☐   2 ☐   3 ☐   4 ☐   5 ☐

☐ 나는 항상 미소 짓고 있다.

1 ☐   2 ☐   3 ☐   4 ☐   5 ☐

질문 중에 1번, 2번, 3번에 체크한 것이 하나라도 있다면, 질문 왼쪽에 있는 네모 박스에 표시하고 개선하도록 노력하라.

1번, 2번, 3번에 체크한 질문이 하나도 없다면, 4번의 수준이 될 수 있도록 노력하라.

만약 모든 질문의 5번에 체크했다면, 당신은 세계에서 가장 뛰어나고 부유한 발표자일 것이다.

다른 사람에게도 위의 평가를 부탁해 보라. 프레젠테이션을 할 때 다른 사람들이 당신을 어떻게 생각하느냐가 당신 자신에 대해 생각하는 것보다 훨씬 중요하다.

조종하지 말고
조화하기

많은 사람들이 설득과 조종을 혼동한다.
이는 큰 착각이다.

세일즈 초창기에 세일즈는 '고압', 그리고 텔레마케팅 부서는 '보일러실'로 묘사됐다. 그러나 현실에서의 설득은 짧은 시간 내에 몰아붙여서는 안 되고, 장기적인 관점에서 접근해야 한다. 설득을 시켰다면 반드시 성과가 있기 마련이다. 다른 사람을 확신시키고 당신의 생각대로 관철했다면 원하는 것을 얻을 수 있다.

장기적인 관계는 설득의 결과에 따라 영향을 받는다.

당신이 누군가를 몰아붙이거나 속이려고 하면 그 사람과 당신의 관계는 오래가지 못한다. 단기적인 관점에서 이뤄지는 세일즈 방식은 세일즈맨이 사용하는 언어와 방법을 통해 잘 드러난다. 그들은 이른바 '세일즈 테크닉'이라는 것을 활용한다. 그러나 세일즈 테크닉은 실제적으로는 사람을 조종하는 기술, 더 깊게 말하면 심리적으로 사람을 조종하는 것으로, '심리 싸움' 또는 '강압적인 세일즈 방식'이라고 말할 수 있다.

설득의 장점은 서로 조화를 이룰 수 있다는 것이다. 이것은 논리적인 측면 또는 감정적인 측면에서 사람들을 설득해 당신에게 동의하게 하고, 당신이 원하는 방향으로 이끌어 마침내 당신을 믿게 하거나 상품을 구매하게 만드는 것이다.

우리는 살아가면서 다양한 설득의 상황에 직면한다. 부모에게 부탁하거나 데이트를 할 때, 직장 동료의 동의를 얻을 때, 운동과 쇼핑 중에서 하나를 선택할 때도 설득을 해야 한다. 또는 자동차나 집, 학교나 배우자의 선택처럼 결정하기 어려운 선택을 할 때도 설득이 필요하다.

하나하나의 결정을 내릴 때마다 항상 설득의 과정이 있다. 설득해야 할 대상이 비록 당신 자신일지라도.

당신이 조화롭게 결정할수록 나중에 후회할 가능성은 줄어든다. '사후 비평Second guessing' 또는 '구매자의 후회buyer's remorse, 물건을 사고 난 뒤 잘못 산 것 같아 후회하는 것'라는 말이 있다. 나는 이 말을 '현실' 또는 '현실 받아들이기'라고 표현한다. 바로 당신이 써 버린 돈에 대한 현실이다. 당시에 흔들렸던 당신의 감정을 돌이켜 보는 현실, 또는 당신이 내린 결정에 대한 현실을 말한다.

감정적으로 한순간에 결정을 내리고 나서 후회하지 않는 비결이 있다. 그 비결은 앞으로 나아가는 것이다. 하지만 과거에 집착하면 앞으로 나아갈 수 없다.
설득의 과정에서 아쉬운 점이 있었어도 이를 아쉬워하거나 후회하지 말고 교훈으로 활용해야 한다.

개인 광고
활용하기

당신이 사람들과 인맥을 형성하거나 비즈니스를 할 때 관계로 맺어지거나 잠재 고객으로 확보할 기회를 엿볼 것이다. 이때 당신에 대한 '개인 광고'^{'엘리베이터 스피치' 또는 '칵테일 광고'라고도 부른다. 이에 대해서는 《인맥으로 승부하라》에 자세한 내용이 나온다}는 만나는 사람들의 관심과 반응을 이끌어 낼 수 있는 좋은 도구가 된다.

개인 광고는 인맥을 쌓고, 세일즈를 성사시키고, 당신의 뜻대로 관철하기 위한 전주곡이자 관문이다.

당신의 개인 광고는 얼마나 쓸모 있는가? 자신을 홍보할 수단 하나 정도는 갖고 있는가?

개인 광고에는 30초 분량의 정보를 담아야 한다. 당신이 누구이고 어떤 회사에 다니며 무슨 일을 하는지 창의적으로 알려야 한다.

말은 적게, 질문은 많아야 한다. 개인 광고를 통해 상대의 관심을 끌 만한 강력한 질문을 던져라. 당신이 어떻게 도울 수 있는지 설득력 있게 말하고, 잠재 고객이 신속히 결정해야 할 이유를 제시하며 마무리 짓는다. 강력한 질문을 통해 얻은 정보들은 잠재 고객에게 도움이 되는 계획을 세울 수 있게 해 준다. 단순히 "Yes!"나 "No!"라는 대답의 질문이 아니라, 잠재 고객들이 잘 생각해 본 다음에 대답할 수 있는 질문을 해야 한다.

잠재 고객이 어떤 도움을 필요로 하는지 알아낼 때까지 당신이 어떤 도움을 줄 수 있는지 말해야 할 이유는 없다.

강력한 질문은 당신의 의지대로 관철하는 과정에서 가장 중요한 것이다. 고객을 파악하고, 고객에게 영향을 끼칠 수 있는 대응을 할 수 있기 때문이다.

당신의 개인 홍보를 위한 강력한 질문을 만들 때 자문해 봐야 할 5개의 질문이 있다.

1. 이 질문으로 내가 얻으려 하는 정보는 무엇인가?

2. 이 질문으로 잠재 고객을 파악할 수 있는가?

3. 내가 필요한 정보를 얻기 위해 한 가지 이상의 질문을 해야 하는가?

4. 이 질문으로 잠재 고객을 생각하게 만들 수 있는가?

5. 경쟁자들과 차별화된 질문을 할 수 있는가?

당신이 알고 싶은 정보들로 이끌어 줄 강력한 질문의 기본 개념들을 소개한다.

- 무엇을 찾고 있습니까?

- 무엇을 알게 되었습니까?

- 어떻게 제안하십니까?

- 어떤 방법으로 했습니까?

- 어떻게 성공적으로 활용했습니까?

- 어떻게 결정을 내리십니까?

- 왜 그 요인이 결정적인 요인입니까?

- 왜 그것을 선택하셨습니까?

- 어떻게 생각하고 있습니까?

- 한 가지 개선하고 싶은 사항이 있다면 무엇입니까?

- 무엇을 바꿔야 할 것 같습니까? ("~을 바꾸는 게 어떻습니까?"라고 말해선 안 된다.)

- 그 밖에 다른 요인들이 있습니까?

- 당신의 경쟁자들은 어떻게 합니까?

- 당신의 고객들은 어떻게 반응합니까?

- 당신의 현재 상황은 어떻습니까?

- 현 상황을 유지하기 위해 어떻게 하고 계십니까?

- 얼마나 자주 연락하십니까?

- 어떻게 확신하십니까?

잠재 고객이 생각하게 만들고, 세일즈에 필요한 정보를 얻을 수 있는 강력한 질문 25개를 당신은 필히 갖고 있어야 한다. 또한 당신의 30초 개인 광고는 잠재 고객의 행동을 이끌어 낼 수 있는 말이나 질문으로 끝나야 한다.

당신이 고객과 함께 업계의 네트워킹 모임에 참석했다고 치자. 당신의 고객이 모임에 참석한 잠재 고객을 소개시켜 주었다. 잠재 고객이 당신에게 묻는다. "어떤 일을 하십니까?" 임시직 파견 회사에서 일하는 당신은 "임시직 파견 회사에서 근무합니다."라고 대답한다. 당신은 좋은 기회를 바로 눈앞에서 놓쳐 버린 것이다.

좋은 기회를 놓치지 않으려면 이렇게 대답해야 한다. "저희 회사는 갑자기 추가 인력이 필요하거나 위급한 상황이 발생했을 때 필요한 인력을 파견하는 일을 하고 있습니다. 당신 회사의 직원이 갑자기 결근하거나 휴가를 가너라도 회사의 서비스 공급이나 제품 생산에 차질이 생기지 않게 도와드리지요."

당신이라면 둘 중에 어떤 대답이 인상에 남겠는가?
이제 당신은 잠재 고객의 관심을 끌었으니 다음은 잠재 고객에 대해 당신이 필요한 정보를 알아볼 차례이다. 이때가 강력한 질문을 던져야 하는 순간이다!

"직원들은 몇 명입니까?", "직원들의 휴가 기간은 얼마나 됩니까?", "직원들의 휴가 기간 동안 인력 공백은 어떻게 해결하십니까?", "휴가철에도 고객 서비스의 질을 유지하기 위해 어떻게 하십니까?" 등등 당신이 필요한 정보를 얻게 될 때까지 질문을 던져라.

강력하고 핵심을 파고드는 질문을 한 뒤에는 설득력 있는(어떻게 당신이 도움을 줄 수 있는지) 말과 고객이 즉시 반응을 보여야 할 이유를 말해야 한다.
"우리 회사는 유능하고 전문적인 인력을 보유하고 있습니다. 일시적인 도움뿐만 아니라 회사 직원들의 휴가 또는 병가 기간에도 회사 운영과 서비스 제공에 영향을 끼쳐서는 안 된다는 걸 잘 이해하고 있습니다. 제안을 하나 하고 싶은데요(이것은 잠재 고객이 즉시 반응해야 할 이유이자 행동을 요구하는 말이다), 같이 식사라도 하면서 좀 더 자세히 설명해 드리는 게 어떨까요? 제가 도움을 드릴 수 있다고 생각되는 것을 말씀 드리겠습니다. 또한 제가 도울 수 없는 것에 대해서도 솔직히 말씀 드리겠습니다. 괜찮으십니까?"

위의 예를 참고로 당신의 개인 광고를 만들어라. 만들었다면 연습할 차례이다. 그런 다음에는 실전에서 자주 시도해 보면서 실제 상황에 맞게 수정해 나가라.

완전히 당신의 것으로 만들 때까지 계속 연습하라. 실제 상황에서 최소 25회 이상은 해 봐야 한다.

개인 광고
연습하기

두 페이지로 작성한다. 처음부터 끝까지 읽고 빈칸에 알맞은 내용을 채운다. 작성한 내용이 30초 분량인지 시간을 재 본다. 그런 다음 연습한다.

자, 이제 막 당신의 개인 광고가 완성되었다!

이름 : ________________________________

회사명 : ________________________________

원하는 것 : ________________________________

____

____

____

____

나의 핵심 질문 : ______________________________________

____

____

나의 설득력 있는 말 : ______________________________________

____

____

내가 도울 수 있는 것 : ______________________________________

____

____

잠재 고객이 내 제안을 받아들여야 하는 이유 : ______________________________________

____

____

"회의를 시작하기 전에 콘택트렌즈를 서로 바꿔서 착용하는 건
어떨까요? 그러면 서로의 입장에서 보는 데 도움이 될 겁니다."

파워포인트 프로그램에 의존하지 마라

예전에 있었던 일이다. 호텔 로비에서 노트북컴퓨터로 파워포인트 프로그램 슬라이드를 보고 있는 세일즈맨과 바이어 옆으로 지나치게 되었다. 세일즈맨은 '판매 성사'를 위해 열성을 다하고 있었다. 그는 빨려 들어갈듯이 자신의 노트북컴퓨터 화면을 보면서 파워포인트를 열심히 넘기고 있었다.

하지만 내 관심을 끈 것은 바이어의 태도였다. 세일즈맨이 파워포인트를 열심히 넘기는 동안 바이어는 허공을 쳐다보거나 다른 생각을 하고 있는 것처럼 보였다. 바이어는 프레젠테이션에 전혀 관심이 없어 보였다.

그래서 나는 그들에게 다가가 세일즈맨에게 말을 걸었다. "무엇을 하고 계십니까? 이분은 전혀 관심이 없어 보이는데요?" 그렇게 말하고 나서 바이어에게 고개를 돌려 "거래하실 생각이신가요?"라고 물었다. 바이어는 조금 우물쭈물하더니 "네."라고 대답했다. 나는 "잘됐네요! 그럼 지금 당장 해 버리세요."라고 말하고 씩 웃으면서 되돌아왔다.

이 일은 나에게 오래된 세일즈 농담을 떠올렸다.
"아직 구매하면 안 됩니다. 제 프레젠테이션이 아직 안 끝났거든요."
당신이 파워포인트로 세일즈 프레젠테이션을 한다면 당신의 이야기가
될 수도 있다.

그동안 내가 접했던 대부분의 파워포인트 프레젠테이션은 지루하거나
참으로 딱했다. 프레젠테이션을 하는 이유는 쉽게 이해하고 감동적이며,
청중 지향적인 메시지를 전달하기 위함이다.
이때 파워포인트를 활용하는 것은 발표자의 메시지를 더욱 효과적으로
전달하기 위해서이다.

참여와 관심을 끄는 강력한 파워포인트 프레젠테이션을 하려면 16개의 필요 요소와 불필요한 요소가 있다.

1. 어린아이도 찾을 수 있는 클립아트는 생각하지도 마라. 아마추어처럼 보일 뿐이다. 직접 만든 클립아트나 사진을 쓸 것이 아니라면 아무것도 하지 마라.

2. 예상하지 못한 사진, 개인적인 사진, 재미있는 사진을 활용하라.

3. 말로 요점을 짚은 다음에 파워포인트 슬라이드로 보충하라. 반대 순서로 하지 마라.

4. "이 부분은 글씨가 많아서 보기 힘드시겠지만……." 이런 말이 나와서는 안 된다. 슬라이드 한 장 더 만든다고 돈이 드는 건 아니다. 한 장에 다 담으려 하지 마라.

5. 슬라이드가 회전하거나 텍스트가 움직이는 불필요한 기교를 쓰지 마라. 시간 낭비일 뿐이다.

6. 슬라이드 한 장에 요점 하나. 한 장의 슬라이드에 너무 많은 요점을 담으려고 하지 마라.

7. 웃음도 담는다. 슬라이드 5장마다 최소 한 번쯤은 사람들이 웃을 수 있어야 한다.

8. 슬라이드 바탕은 흰색이 가장 좋다. 화려한 색상은 산만해 보이고 아무런 도움이 안 된다.

9. 글자 크기를 활용하라. 마스터 스크린 글씨는 44폰트로 하고 글자에 음영 효과를 사용해라.

10. 강조할 내용은 글자 크기를 더 크게 하라. 다른 글자 색도 활용하라. 나는 빨간색으로 한다.

11. 슬라이드 한 장이 넘어가는 내용과 씨름하고 있다면 삭제하라. 약점이거나 불필요한 내용일 수 있다.

12. 자료만 나열한 슬라이드가 아니라 스토리가 있는 슬라이드여야 한다. 이야기는 세일즈를 하는 데 있어서 가장 중요한 부분이다. 증거 자료들과 수치들은 쉽게 잊히지만 이야기는 오래 기억된다.

13. 당신의 파워포인트는 관심을 끄는가? 세상에는 두 종류의 슬라이드가 있다. 관심을 집중시키는 것과 분산시키는 것. 당신의 슬라이드는 어떤가?

14. 당신의 파워포인트는 질문이나 설명을 담고 있는가? 질문은 대화를 유도한다. 파워포인트 프레젠테이션은 사람들에게 질문하고 대화를 유도해 관심을 끌어야 한다.

15. 당신이 주장하는 내용을 뒷받침할 증거를 얼마나 담고 있는가? 당신의 최종 요점에 도달할 수 있게 도와야 한다.

16. 당신이 주장하는 내용의 이해를 도와주거나 입증해 줄 동영상을 삽입하라. 생생하고 공감할 수 있으며 수용적인 내용이어야 한다.

"오늘 내 파워포인트 프레젠테이션은 정말 끝내줬어! 문신으로 준비했거든."

지금쯤 당신이 이제까지 해 왔던 파워포인트 프레젠테이션에 완전히 낙담한 심정일 수도 있다. 그동안 당신은 얼마나 파워 없는 파워포인트를 만들어 왔는가! 하지만 낙담하기에는 이르다. 위로가 될지 모르지만 당신 경쟁자의 파워포인트도 크게 다를 바 없었다.

앞으로는 TV 재방송을 보는 대신 고객이 원하는 것을 속속들이 보여줄 파워포인트를 연구하면 된다.

파워
프레젠테이션

나의 친구들이여,
나의 경쟁자들이여,
그리고 나의 잠재 고객님들이여!
저에게 신용카드를
빌려 주지 않으시겠습니까?

관심을 끄는 말로
시작하라

다른 사람들의 강연이나 프레젠테이션을 볼 때, 나는 그들의 처음 몇 마디를 주의 깊게 듣는다. 첫마디만 들어봐도 그들의 발표가 어떨지 알 수 있기 때문이다.

대부분의 프레젠테이션은 심각할 정도로 비효율적이며, 도입 부분에서 관심을 끌어내는 프레젠테이션은 매우 드물다.

내가 강연이나 프레젠테이션을 할 때 사용하는 전략은 마치 이야기를 하던 중인 것처럼 시작하는 것이다. 사람들에게 인사말을 건네는 대신 이야기로 관심을 끌면서 프레젠테이션을 시작하기 때문에 사람들은 내 이야기를 듣고 있던 것처럼 된다. 자연스럽게 나의 이야기를 듣게 되는 것이다.

이야기로 시작하지 않을 경우에는 질문을 던지면서 말문을 연다. 이때 질문은 대부분의 청중과 관련이 있다고 생각되는 것으로 한다. 만약 내가 "여러분 가운데 운전하면서 어릴 때 듣던 음악을 듣는 분이 몇 명이나 되십니까?"라고 물으면 대부분의 사람들이 손을 든다.

이렇게 해서 나는 사람들의 공감을 얻는다. 사람들은 앉아서 내 말에 귀 기울일 뿐만 아니라 나의 프레젠테이션에도 참여하게 되는 것이다. 물론, 질문은 사람들이 들어 보지 못한 참신한 내용이어야 한다.

나는 사람들의 관심을 끌고, 생각하게 하고, 새로운 정보를 접할 수 있게 말한다. 대체로 나는 질문을 던진 후에 요점을 전달한다. 그러면 사람들은 내가 다음에 무슨 말을 할지 호기심을 갖고 기대한다. 나는 요점을 전달한 후에 사람들이 웃음을 터트릴 수 있는 이야기를 한다. 농담을 하는 것이 아니라 유머나 재치 있는 말로 웃게 만든다.

나는 프레젠테이션을 시작한 지 2분 만에 청중의 관심을 끌고, 새로운 정보에 대해 생각하게 만든다. 내 프레젠테이션에 참여시킬 뿐만 아니라 웃게 하고, 내가 말하고자 하는 요점을 받아들이게 만든다.

사람들은 프레젠테이션을 시작하면서 던지는 나의 독특한 질문에 관심을 갖기 시작한다. 이 여세를 몰아 사람들이 공감하고, 참여할 수 있는 이야기로 분위기를 이어 나간다. 또 가능한 많은 유머를 구사하고 적절한 사례와 이야기로 프레젠테이션을 이끌어 가면서 본론에 도달한다.

사람들을 설득하고 싶다면

당신이 서 있는 곳과 호칭을 이용해서

당신의 위치를 정해야 한다.

이 두 가지 요소는

알맞은 대명사를 선택할 때 성취된다.

-제프리 지토머

다른 주제로 넘어갈 때는 '분위기를 전환하는 말'을 한다. 또는 잠깐 정적을 두어서 새로운 주제로 넘어가는 분위기를 만든다. 그리고 "한 번 생각해 봅시다." 또는 "여러분 가운데 몇 명이나…… 해 본 적이 있으십니까?"라는 말로 이야기를 이어 간다. 그런 다음 나의 경우를 이야기하고, 내가 의도했던 요점을 전달한다.

효과적으로 메시지를 전달하는 방법 중의 하나로 나는 대명사를 이용한다. 대명사로 나 자신과 듣는 사람들을 구분하는 것이다.

나는 사람들이 앉아 있는 곳과 다른 공간에 서 있지만 정신적으로는 그들과 공감대를 형성하고 있다. 그러나 대명사로 사람들과 나를 구분해서 칭하면 사람들은 나와 그들을 구분해서 인식한다. 나는 전문가로 그들 앞에 서 있고, 그들은 자리에 앉아서 듣고 있는 위치라고 자각하게 된다.

전문가로서의 당신과, 당신의 말을 듣는 사람들을 호칭으로 구분해야 한다. 예를 들면 나는 '우리'라는 말을 하지 않는다. '여러분'이라고 말한다.

나는 나 자신을 청중과 구분해서 나의 전문성에 대한 자신감을 드러내고, 나의 신념을 보여 준다. 그리고 나를 포함하지 않음으로써 사람들에게 전문가가 아니므로 나약함에 좌절할 필요가 없다는 희망을 준다.

나는 연사가 자신을 청중에 포함시켜서는 안 된다고 생각하는데, 메시지를 전달할 때 제대로 알지 못하거나 확신하지 못하는 것처럼 보이기 때문이다. 사람들은 연사로부터 도움을 청하기보다는 자신이 생각하는 것이 옳다는 확신을 받고 싶어 한다. 그러므로 연사나 발표자는 자신감 있게 보여야 한다.

또한, 발표자가 청중 앞에서 자신을 낮추는 것은 가식적으로 보이거나 심한 경우에는 청중을 회유하려는 것처럼 보인다.

나의 경험에 비추어 볼 때 사람들은 발표자의 메시지가 지닌 진실성이나 힘을 순식간에 판단해 버린다. 발표자나 연사가 청중과 정신적으로 연결되기 위해서는 호칭을 사용함으로써 청중과 거리를 두어야 한다.

프레젠테이션에 필요한 강력한 요소 30개를 소개한다.

1. 할 수 있다고 믿으면 할 수 있다. 당신의 프레젠테이션은 당신이 믿는 만큼, 그리고 당신이 준비한 만큼 성공한다. 많은 사람들이 사람들 앞에 서는 걸 '두려워'한다. 하지만 두려움과 준비 부족을 혼동해서는 안 된다. 두려운 감정은 마음 상태의 반응일 뿐이며, 이는 쉽게 사라질 수 있다.

2. 사람들은 먼저 당신을 믿는다. 이는 믿음에 관한 이야기이다. 청중이 당신을 믿는다면 당신이 말하는 것도 믿는다. 사람들이 믿는 것은 당신의 회사나 상품이 아니라 바로 당신이다. 사람들이 당신을 믿으면 당신의 상품이나 서비스를 구매한다. 그러나 당신을 믿지 않으면 절대로 상품이나 서비스를 구매하지 않는다.

3. 도입 부분이 진행 분위기를 결정한다. 프레젠테이션 도입 부분이 강렬하지 않다면 바꾸어라. 도입 부분을 짧고 강렬하게, 그리고 자신감 있게 만들어서 연습하라.

4. 프레젠테이션은 쇼 비즈니스다. 유쾌하고 고무된 분위기로 만들어라. 발표하기 전에 음악, 슬라이드, 비디오 등을 이용하여 먼저 청중의 분위기를 띄워라. 나는 주로 록 음악으로 분위기를 띄운다.

5. 주도권을 잡아라. 5초든 5분이든 무대의 주인공은 당신이다. 주도권을 잡아야 한다. 어깨를 펴고 자부심을 가져라.

6. 사람들과 친밀감을 쌓고, 사람들이 미소를 보이기 전까지 시작하지 마라. 유머 있는 말을 던져 사람들의 반응을 살펴보고 분위기와 성향을 파악하라.

7. 사람들의 참여를 요구해서는 안 된다. "안녕하세요?"라는 인사말을 하지 마라. 대부분의 청중은 마지못해 기어드는 목소리로 "안녕하세요."라고 대답한다. 당신이 더 큰 대답을 기대하면서 다시 "안녕하시냐고 물었습니다!"라고 하면 이때부터 청중은 기분이 언짢아진다. 당신이 사람들을 아이 다루듯 대하고 강요한다는 느낌을 주었기 때문이다. 당신은 벌써 20초나 허비하게 되고, 절반 정도의 사람들은 벌써부터 당신을 못마땅하게 생각한다.

8. 사람들을 웃게 만들어라. 그러나 썰렁한 농담은 금물! 썰렁한 농담이 어떤 것이냐고? 농담을 던지고 1초 후면 바로 알 수 있다. 사람들이 어이없어 하는 표정을 짓거나 예의상 웃는 것처럼 보이면 그것이 바로 썰렁한 농담이다. 최악의 상황은 정적만 흐르는 것이다. 반면에 프레젠테이션 룸이 웃음으로 넘쳐 난다면 아주 좋은 징조다.

9. 유인물을 사용해야 할까? 편할 대로 해라. 한 장짜리 혹은 여러 장짜리를 나눠 주어도 좋다. 그러나 말을 더듬어서는 안 된다. 말할 내용을 완벽하게 알아야 한다. 걱정된다면 유인물이 도움이 될 것이다.

10. 용모 단정은 추가 5점 획득. 당신에게 어울리는 옷을 입어라. 너무 화려하지 않아야 한다. 세련되고 깔끔해야 한다.

11. 사람들의 참여를 이끌어 낼 수 있는 질문을 하라. 상품에 대한 충성도, 상품의 상용, 서비스, 품질, 기술, 금융, 또는 미래에 대해 질문하라. 그들에 관한 질문으로 그들을 생각하게 하고 반응하게 만들어라.

12. 파워풀한 프레젠테이션으로 당신의 메시지를 강하게 전달하라. 그러기 위해서는 프레젠테이션이 강렬한 도입, 한두 가지이 요전, 웃음, 깔끔한 마무리로 구성되어야 한다.

13. 프레젠테이션은 파워풀하면서도 명료하고, 관심을 끌어야 한다. 프레젠테이션 전문가 앞에서 연습하라. 그리고 사람들의 집중력이 짧다는 것에 유념하라. 그렇기 때문에 슬라이드를 활용하는 것이다.

14. 예상 질문과 대답을 준비하라. 신뢰감을 주려면 적절한 대답으로 사람들의 의심을 말끔히 해결해야 한다. 실례를 들어 설명하고, 당신의 요점을 증명할 이야기가 있어야 한다.

15. 하늘이 두 쪽 나도 '어……' 또는 '음……'은 피하라. '어……', '음……', '아……', '아시다시피', '그러니까', '즉'과 같은 말들을 피하라. 말을 하다 멈추면 사람들이 주의를 기울이지 못한다. 말뿐만 아니라 어설픈 제스처도 당신을 미숙하게 보이게 한다. 주머니에 손을 넣거나 머리를 만지작거리고, 손으로 계속 뭔가 만지는 행동을 해서는 안 된다. 사람들이 당신에게 집중하게 하려면 사람들이 다른 곳에 신경을 쓰게 할 만한 행동을 해서는 안 된다.

16. 프레젠테이션의 성공 여부(사람들의 흥미를 끌거나 김빠지게 만드는)를 결정하는 중요한 요소들이 있다. 목소리 톤, 다양한 목소리, 눈 맞추기, 발음법, 자세, 제스처, 그리고 옷차림 등이 중요한 요소다. 이 모든 요소들이 조화를 이룰 때 당신의 메시지는 보다 명확하게 전달된다.

17. 한두 개의 소품을 갖고 다녀라. 나는 타월, 컵, 또는 챕스틱, 책, 손거울 등을 이용한다. 이런 소품들은 재미도 있고 도움이 된다.

18. 슬라이드는 시선을 분산시키지만 신뢰성과 진실성을 준다. 슬라이드를 이용해 당신의 주장을 뒷받침하거나 사람들을 웃게 만들어라. 그러나 슬라이드의 비중이 당신이 직접 말하는 것보다 많지 않아야 한다. 적절하게 사용한다면 슬라이드 덕을 톡톡히 볼 수 있다. 만일 슬라이드가 필요한데 프로젝터를 제대로 작동할 줄 모른다면? 위험하다. 항상 기기를 다루는 일에 능숙해야 한다. 그리고 만약을 대비해 대체물을 준비한다. 나는 슬라이드를 사용하면서 슬라이드 지지자가 되었다. 프로젝터와 슬라이드는 강연과 메시지를 보완하는 데 확실히 효과가 있다.

19. 테스트를 하라. 청중의 짧은 평가를 바탕으로 당신의 프레젠테이션 수준을 높일 수 있다. 청중에게 당신이 만든 질문에 1부터 5까지 점수를 매기도록 부탁하라. 평가의 목적은 당신의 메시지와 관련해서 그들이 실제로 원하는 것을 명확하게 알기 위함이다.

20. 긴박함을 만들어라. 지금 바로 결정해야 하는 이유를 제시하라. 사람들이 좋은 기회를 놓치게 될까 봐 두렵게 만드는 능력, 이것이 당신의 성공에 중요하다.

21. 프레젠테이션을 위한 최적의 환경으로 만들어라. 버튼만 누르면 프로젝터가 돌아가고, 조명이 어두워지고, 필요한 것을 미리 나눠 주는 등 시작하기 전에 만반의 준비가 되어 있어야 한다.

22. 사람들은 집중하는 시간이 짧고 참을성이 없다. 본론으로 빨리 들어가라. 요점을 말하라. 간결하게 말하라. 상품 구매 의사 여부를 확인하라. 모두에게 감사하라. 박수를 겸손하게 받아들여라. 그리고 퇴장하라.

23. 당신의 평판이 좋지 않더라도 진정성 있는 이야기가 당신을 살릴 수 있다. 이야기를 준비한다면 당신의 경험담으로 준비하라. 다른 사람이 아닌 바로 당신의 이야기를!

24. 공감할 수 있는 실제 이야기를 준비하라. 청중이 공감할 수 있는 이야기를 하라. 사람들이 웃고, 생각하게 하고, 원하게 하고, 감동의 눈물을 흘리게 하라. 그런 다음 72~73페이지에 있는 셀프 테스트를 참고해서 연습하라.

25. 이야기는 열정적으로, 간결하고, 신선하게 하라. 같은 이야기라도 할 때마다 처음 말하는 것처럼 하라.

26. 기존 고객의 사용 후기를 부탁하라. 추천 글이 많을수록 당신 뜻대로 더 많이 할 수 있다.

27. 사람들과 직접적으로 관련이 있는 참신한 아이디어를 최소 세 가지는 준비하라. 사람들에게 새로운 정보를 알려 주면 당신에게 호감을 갖게 된다. 참신한 아이디어를 알려 주면 당신의 팬이 된다.

28. 프레젠테이션 후에 질의 응답 시간을 가질 것이라고 미리 알려라. 경고! 프레젠테이션 중에 궁색한 답변을 하면 프레젠테이션 전체를 망칠 수 있다.

29. 웃음과 감동의 눈물, 인상적인 말로 프레젠테이션을 마무리한다. 또는 멋진 소개말과 힘찬 박수로 다음 연사를 소개하면서 다음 일정으로 부드럽게 연결한다.

30. 자신감은 자신감을 낳는다. 당신 스스로에 대한 자신감은 상대방도 당신에 대한 확신을 갖게 한다. 프레젠테이션을 완벽하게 당신 것으로 만들면 당신의 자신감은 더 커지고 더 많은 사람들이 당신을 믿게 된다.

청중은 당신에 대해 더 많은 것을 알고 싶어 한다.

당신에게 호감을 가지려 하고 확신하고 싶어 한다.

당신을 믿고 싶어 할 뿐 아니라 신뢰하고 이해하고 싶어 한다.

당신에게 배우고 싶어 하고 당신을 보고 웃고 싶어 한다.

그리고 당신이 자신을 존중해 주기를 바란다.

−제프리 지토머

- 유인물을 사용하는 것은 좋다.

- 도움이 되는 소품을 사용하는 것은 좋다.

- 잘 만들어진 슬라이드를 사용하는 것은 좋다.

- 실수하는 것은 괜찮다.

- 진실한 것은 좋다.

- 고무된 것은 좋다.

- 긴장하는 것은 좋지 않다.

- 준비가 미흡해서는 안 된다.

- 연습이 불충분하면 안 된다.

- 청중을 선동해선 안 된다.

- 변명은 좋지 않다.

- 당신 자신에 대해 오랫동안 이야기하는 것은 좋지 않다.

- 별것 아닌 것을 사람들이 관심 있어 할 거라 생각하고 장황하게 이야기 하는 것은 좋지 않다.

- 청중과 직접적으로 관련이 없는 당신의 이야기를 하는 것은 좋지 않다.

당신의 프레젠테이션에 파워가 없는 이유

당신의 프레젠테이션에 힘이 없는 이유는 무엇인가? 이를 잃게 된 이유는 무엇인가? 되찾는 방법은 무엇인가?

인원수에 관계없이 사람들 앞에서 말한다는 것은 심장이 매우 두근거리지만 보람 있는 경험이다. 나는 1년에 100여 회 이상 세계에서 가장 교양 있는 청중을 상대로 강연과 프레젠테이션을 한다. 하지만 긴장해 본 적은 단 한 번도 없다. 사실 어떤 때는 기대 때문에 흥분되고, 강연을 할 때마다 항상 에너지로 넘친다. 긴장한 적은 결단코 없다!

어떤 사람들은 청중 앞에 서는 것이 죽는 것처럼 무섭다고 한다.
그 이유는 엉터리 연설을 마친 후에도 당신이 여전히 살아 있기 때문에 그렇게 느끼는 것이다!

나는 발표자들이 발표를 하기 전에, 그리고 발표를 하는 동안에 왜 그렇게 긴장하는지 그 이유를 알아냈다. 긴장과 쌍둥이 형제라고 할 수 있는 '두려움'은 문제의 증상이지 문제 그 자체는 아니다.

발표자 혹은 강연자들이 힘을 상실하고, 긴장하고, 두려워하는 것은 다음과 같은 문제들 때문이다.

1. **준비가 부족하다.** 당신이 발표 준비를 제대로 하지 않았다면, 그 사실이 사람들에게 들통 날까 봐 불안하고 두려운 것이다. 어떤 때는 당신이 발표하는 자료에 익숙하지 않기 때문이다. 진실을 말하자면, 당신은 자료를 제대로 이해하지 못했을 뿐 아니라 모르는 것을 질문받을까 두려운 것이다. (학교에 다닐 때가 생각나지 않는가?)

이유가 무엇이든 다음 두 가지로 해결할 수 있다.

첫째, 발표할 자료들에 대해 충분히 이해하고 '자기 것으로 만들어야' 한다. 외우라는 것이 아니다! 사실 외우는 것은 가장 큰 공포의 원인이 된다. 발표를 하다가 중간에 잊어버릴지도 모른다는 두려움 때문이다. 자료에 대해 완벽하게 알고 있다면 굳이 외울 필요가 없다.

둘째, 예상 질문 리스트를 작성한다. 그런 다음 종이에 예상 답안을 작성해 둔다. 스스로 답을 작성해 나가면 더 많이 알게 되고 더불어서 자신감도 훨씬 커진다.

2. **자신의 이미지를 낮게 평가한다.** 당신의 외모가 별로이고, 뚱뚱하고, 피부색도 마음에 안 들고, 나이가 너무 많다고 생각된다면 당신의 생각이 맞을 것이다. 자신의 모습이 멋있고, 매력적이라고 생각한다면, 이번에도 당신 생각이 맞을 것이다. 당신의 선택에 달려 있다. 당신에 대해 스스로 판단해라. 다른 사람의 잣대로 자신을 과소평가하지 마라!

3. **약한 자부심을 갖고 있다.** 이는 자신의 능력을 낮게 평가한다는 점에서 자신의 이미지를 낮게 평가하는 것과는 다소 차이가 있다.
예전에 누군가 당신에게 멍청하다거나 못생겼다고 말한 것을 그대로 믿고 있다면 큰 실수이다. 자신의 이미지를 낮게 평가하는 것과 약한 자부심의 치료법은 같다.
즉시 얼 나이팅게일Earl Nightingale의 《가장 낯선 비밀The Strangest Secret》을 읽어라. 30분만 투자하면 당신이 자신을 어떻게 생각하고 있는지 알 수 있다. 이 책은 1950년대 후반에 쓰인 책이지만 여전히 훌륭한 자기 계발 지침서이다. 힌트를 주자면, 해결책은 당신의 사고방식에 달려 있다.

4. **비웃음에 대한 두려움이 있다.** 학교 다닐 때 선생님이 반 친구들 앞에서 창피를 준 기억이 있을 것이다. 반의 모든 친구들이 웃었을 때 당신은 얼굴이 새빨개져서 죽고 싶은 심정이었을 것이다. 사실 선생님

들은 본인 외에는 어느 누구도 비웃을 권리가 없다.

내 딸아이의 담임 선생님이 딸아이에게 "그런 것도 질문이라고 하니?"라고 했다는 말을 듣고, 즉시 딸아이의 반을 옮겼다. 나의 충고는 간단하다. 준비를 충분히 하고, 전문가처럼 보이고, 당신의 자아상을 높인다면 비웃음을 받는 것에 대한 두려움은 시간이 가면서 저절로 사라진다.

5. 자신감이 결여되어 있다. 이 문제는 성격상의 문제보다 훨씬 복잡하며, 위에서 말한 네 개의 문제들이 복합된 것이다. 자신감은 당신의 사고와 삶의 경험을 바탕으로 시간이 지나면서 형성되는 것이다. 조그만 승리를 하나씩 거둘 때마다 당신의 자신감은 높아진다. 두발자전거를 처음 탔을 때 긴장되고 떨렸을 것이다. 당연히 여러 번 넘어지고, 무릎도 까지고, 피가 나서 울기도 했을 것이다. 하지만 기억나는가? 일주일 안에 자전거를 능숙하게 타게 되고, 2주일이 되면 핸들에서 손을 놓고 탔다! 끊임없이 노력한 결과로 얻은 성공이 아닌가!

FREE GITBIT

당신의 삶에서 성공했던 경험들이 쌓여서 성공적인 태도를 만듭니다. 성공의 태도에 대해 더 많은 것을 알고 싶다면, www.gitomer.com에 접속해서 회원 등록을 한 다음 GitBit 박스에 'SUCCESS ATTITUDE'라고 치세요.

당신의 프레젠테이션에 파워 충전하기

힘의 손실을 막는 가장 좋은 방법은 평소에 힘을 비축해 두는 것이다. 그러면 당신이 필요할 때 꺼내서 요긴하게 사용할 수 있다. 발전소 이야기는 아니지만 사실 아이디어와 발전소는 유사한 면이 있다. 평소에 정신력과 이야깃거리를 충분히 비축해 두었다가 프레젠테이션을 할 때마다 꺼내서 사용할 수 있어야 한다. 여기에 당신이 '두려움 없는' 프레젠테이션을 할 수 있도록 아이디어들을 제시한다.

◆**이전에 성공했던 경험들을 항상 기억하라.** 실패했던 때가 아니라 당신이 성공했던 때를 떠올려라.

◆**'두려워하는' 이유를 종이에 적어 보라.** 많은 사람들은 자신이 무엇을 두려워하는지 이유도 모른 채 두려워한다. 때때로 자신에 대한 재발견이

두려움을 사라지게 한다.

◆**뇌를 살찌워라.** 앞서 언급했듯이 자신감을 쌓는 최고의 방법은 얼 나이 팅게일의 《가장 낯선 비밀》에도 잘 나와 있다. 이 책을 1년 동안 일주일에 한 번씩, 그 후에는 평생 동안 한 달에 한 번씩 읽을 것을 권한다. 실제로 나는 그렇게 해 오고 있으며 그 효과를 톡톡히 보고 있다.

◆**안전한 곳에서 당신의 용감성을 시험하라.** 시민 단체에서 무료로 연설하라. 연사를 필요로 하는 시민 단체들은 많으며, 그 연사가 바로 당신이 될 수도 있다. 그곳에서 뜻밖의 인연을 만들게 될지 누가 알겠는가!

◆**혼자 연습하라.** 혼자 공원 길을 걸으면서 말하거나 방문을 닫고 방 안에서 크게 소리 내어 읽어라. 하루에 15분씩 꾸준히 투자하면 향상되는 것을 느낄 수 있다.

◆**녹음하라.** 자신의 목소리를 녹음해서 들어 보는 것이 가장 좋은 방법이다. 목소리를 녹음해서 듣는 것은 두 가지 방법이 있다.
첫째 방법은 녹음한 것을 듣고 당신의 프레젠테이션이 얼마나 끔찍했는지 확인만 하는 것이다. 둘째 방법은 듣고 나서 개선될 수 있는 부분을 찾아보고 고치도록 노력하는 것이다. 본인이 하는 말을 녹음해서 들어 보는 것이 프레젠테이션 향상에 가장 효과가 좋다.

◆**토론 클럽에 가입하라.** 어느 곳에 살든 근처에 토론 클럽이 있을 것이다. 당신이 사는 지역의 토론 모임에 가입하라. 토론 클럽은 편하고, 재미있고, 위협적이지 않은 분위기 속에서 서로 격려해 주기 때문에 발표 기술을 향상시키기에 좋은 곳이다.

◆**동료 그룹을 만들고 서로를 상대로 연습하라.** 5명 정도의 친구 또는 회사 동료들과 일주일에 한 번씩 모여 5분 정도 발표 연습을 한다. TV 재방송을 보면서 시간을 낭비하는 것보다 훨씬 더 가치가 있을 것이다. 자신감과 발표 기술이 향상되고 우정까지 돈독해진다.

◆**비즈니스 조직에서 위원회를 이끌어라.** 대변인이 되어라. 아이디어나 프로젝트를 완성하는 것을 이끌어라.

◆**라디오 토크쇼에 참여해 즐거운 시간을 보내라.** 라디오 청취자들은 당신이 누구인지 모른다. 그러니 눈치 볼 것 없이 당신이 느끼는 것을 열정적으로 자신 있게 말하라. 이는 매우 강렬한 경험이 될 것이다.
라디오 토크쇼에 출연하게 되면, 그 내용을 녹음해서 연습용으로 녹음한 것과 비교해서 들어 보라. 라디오 토크쇼에서의 말솜씨가 훨씬 좋을 것이다. 왜 그럴까? 열정은 뇌의 사고가 아니라 심장에서 나오기 때문이다. 이것이 이유이다!

이야기로
요점에 도달하기

당신도 《이솝 우화》를 읽어 보았을 것이다. 이솝 Aesop 은 교훈을 담은 이야기를 쓴 우화 작가이다. 《이솝 우화》에서 눈여겨볼 것은 교훈은 항상 이야기 끝에 드러난다는 것이다.

이솝은 2,500년 전에 벌써 어떻게 사람들에게 메시지를 전달해야 하는지 알려 주었다. 자신의 목적을 전달하기 위해서는 이야기로 관심을 끌어서 호기심을 갖게 하고, 사람들의 흥미를 극에 달하게 만들어야 한다. 당신이 원하는 방향으로 사람들이 생각하게 만들고, 마지막으로 당신의 메시지를 받아들이게 해야 한다.

이솝은 글이라는 매체를 통해 당신에게 호소하고, 놀라게 만들기도 하고, 교훈까지 전한다!

자료와 수치는 쉽게 잊히지만
이야기는 오래 간다.

-제프리 지토머

이솝은 이야기를 통해 자신의 메시지를 전달했다. 당신도 사람들을 설득하기 위해 우화, 은유, 또는 예로 들 수 있는 이야기를 활용해서 사람들이 당신에게 동의하고, 당신으로부터 새로운 것을 배울 수 있게 해야 한다.

주의할 것이 있다.

이야기를 할 때 "이야기 하나 하겠습니다."라는 말은 불필요하다. "재미있는 이야기를 해 드릴게요.", "웃긴 이야기인데요!"라는 말로 사람들에게 책임질 수 없는 기대감을 주지 마라. 웃기는지 안 웃기는지는 들어보고 판단할 문제이다.

당신은 설득력 있는 이야기로 당신이 말하고자 하는 방향으로 청중이 생각하고 반응하도록 이끌기만 하면 된다.

유머의 힘
이해하기

오래된 격언 중에 '사람들을 웃게 만들면 물건이 팔린다.'라는 말이 있다. 이 말이 오랫동안 회자되는 이유는 진실을 말하고 있기 때문이다. 유머와 웃음은 사람들과의 공감대를 형성하고 관계를 맺는 데 있어 아주 중요한 요소이다.

유머를 사용할 때 언제, 어떤 방법으로 사용해야 할지 모른다는 것이 어려운 점이다. 또한, 웃기면 전문적으로 보이지 않는다고 생각하기 때문에 유머를 활용하지 않는다.

다음 페이지에 프레젠테이션과 인생에 유머를 첨가해야 할 5개의 이유를 적어 놓았다. 이를 보고 당신이 잘못 생각하고 있는 것을 고치기 바란다.

1. 유머는 마지막 고지이다. 청중에 대해 터득하는 것은 쉽다. 발표를 어

떻게 해야 하는지 터득하는 것도 쉽다. 그러나 유머의 과학을 터득하는 것은 어렵다. 프레젠테이션을 하면서 적절하게 유머를 구사하는 법을 터득하는 것은 더욱 어렵다. 유머는 열린 분위기를 만들어 사람들이 쉽게 친근감을 느끼게 될 뿐 아니라 친목을 도모하기도 쉽고, 존경하는 마음도 생긴다.

내가 유머를 '마지막 고지'라고 말한 이유는 스피치의 모든 과정을 완벽히 마친 후에 유머를 구사할 수 있기 때문이다. 프레젠테이션 자료를 완벽하게 익힌 다음에 유머를 첨가할 수 있다.

2. 유머는 언어 습득 최고의 경지이다. 어떤 사람이 누군가에 대해 "참 재미있는 사람이야. 아주 타고났어."라고 말한다면, 그 사람은 매우 똑똑한 사람일 것이다.

외국어를 공부할 때 마지막 단계에 배우는 것이 유머의 구사이다. 또 배우기 가장 어려운 것이 농담하는 것이다. 유머의 뉘앙스를 완벽히 익히기는 어렵다. 하지만 유머를 적절히 구사할 수 있게 되면 당신은 사람들과 탄탄하고 긴밀한 관계를 형성할 수 있다.

3. 전문적으로 보이는 것이 왜 문제인가? 당신이 프레젠테이션을 하면서 처음부터 끝까지 전문직인 내용만 말한다면, 유머와 적절히 섞어서 프레젠테이션을 하는 사람에게 지게 될 것이다. 친근하고 재미있는 내용의 프레젠테이션은 아주 전문적인 것보다 수천 배 이상 사람들

귀에 잘 들어온다.

믿기지 않는다면 심야 방송의 토크쇼 호스트를 생각해 보자. 그들이 진지하기만 한가? 아니면 웃기기만 한가? 어느 정도의 선을 유지하는가? 당신은 어떤가?

물론 당신과 전문 쇼 진행자를 비교하려는 것은 아니다. 하지만 당신이 그동안 해 온 프레젠테이션 방식과 당신의 청중이 원하는 프레젠테이션 방식을 비교해 보아야 할 것이다.

지난 30년 동안 나는 강연이나 프레젠테이션을 할 때 전문적인 내용뿐 아니라 재미있는 이야기들도 많이 준비했다. 그렇기 때문에 내 책은 엄청난 판매 부수를 올리고, 이와 함께 수많은 친구도 만들 수 있게 해 주었다. 나에게 일어난 일이 당신에게도 일어날 수 있다!

4. 농담과 이야기의 차이점. 대부분의 사람들은 스스로를 농담꾼이나 어디서 들은 농담 전하는 사람, 또는 어디서 들은 썰렁한 농담 전하는 사람으로 격하시킨다. 농담은 세 가지 이유로 위험 부담이 크며 웃기지도 않는다.

첫째 이유는 대부분의 농담이 다른 사람들을 비하한다. 둘째 이유는 꾸민 티가 난다는 것이다. 사람들을 웃게 하려고 너무 애쓰는 티가 난다. 셋째 이유는 최악의 상황인데, 사람들이 그 농담을 예전에 들은 적이 있다면 당신은 완전히 실없는 사람이 된다. 특히나 농담을 한 후에 웃고 있는 사람이 당신 혼자라면 보기에 안쓰러울 것이다.

반면, 이야기는 꾸밈이 없다. 당신 자신에 대한 이야기는 당신의 경험에 대해 말하는 것이다. 남이 아닌 자신을 낮추는 농담이고 참신하기 때문에 사람들이 좋아한다. 당신이 기억에 남을 이야기를 한다면 듣는 사람은 그 이야기를 당신과 관련시켜서 기억하게 된다. 자신의 이야기로 청중 한 사람 한 사람과 공감대를 형성한다면, 사람들과 긴밀한 관계를 구축할 수 있다.

5. 웃음은 보편적이다. 유머는 누가 가르쳐 주는 것이 아니다. 대부분의 트레이닝 강좌나 트레이너들도 웃기는 방법을 가르쳐 주지는 않는다. 당신이 사람들을 웃길 수 없다고 말하려는 게 아니다.

"프레젠테이션을 항상 농담으로 시작하세요. 하지만 누군가를 비하하는
농담은 안 돼요! 물론 종교, 정치, 인종, 돈, 질병, 기술, 성별, 아이들,
식물, 동물, 음식에 관한 농담도 하면 안 되고요."

내가 당신과 세일즈 경쟁을 하게 되었다고 치자. 나의 프레젠테이션은 재미있는데 당신의 프레젠테이션은 전문적인 내용만 가득하다. 또 나는 유머 감각이 있지만 당신은 그렇지 않다. 그렇다면 승리는 나의 것이다. 당신이 재미있는 사람이 아니라고 생각한다면 유머를 연구하거나 유머에 대한 책을 읽어야 한다.

과연 유머가 얼마나 도움이 될지, 언제 구사할지, 그리고 어떤 종류의 유머가 적절한지는 사람마다 다르게 생각할 수 있다. 하지만 유대감을 높일 수 있는 보편적인 방법으로서 웃음의 힘은 아무도 부인할 수 없다. 사람들을 재미있게 만들려면 노력해야 하고 실패도 기꺼이 감수할 수 있어야 한다. 사람들을 웃게 만드는 데 몇 번 실패했다고 해서 포기해서는 안 된다. 유머를 적절하게 구사하려면 시간이 걸린다. 많은 것을 알아야 하고 시행착오를 겪어야 한다. 또 수많은 연습을 해야 한다. 이 모든 과정을 거치고 난 다음 유머 덕을 톡톡히 보게 될 것이다.

말재주는
준비에서 시작된다

당신은 말재주가 있다고 생각하는가?

내가 세일즈의 과학과 '절제된 말재주'에 대해 알기 전까지는 나에게 말재주가 있다고 자부했었다. 하지만 멋진 나만의 개인 광고를 만들고 나서 말을 잘하게 되었다. 그리고 사람들 앞에서 스피치를 시작하고부터 유창하게 말하는 법을 익히게 되었다.

로이 로저스 Roy Rogers, 1930년대 말~1950년대 초까지 거의 100편의 카우보이 영화에 출연한 영화배우이자 가수 에게는 '개비 Gabby, 수다스럽다는 뜻'라는 이름의 동료가 있었다. 개비는 자신의 이름처럼 끊임없이 말을 해댔다. 그의 수다는 무슨 의미인지 이해되지 않거나 제대로 들리지도 않았다. 웃기기는 했지만 한편으로는 딱했다. 어쩌다 그가 중요한 말을 해야 할 때는 소리를 지르거나 되풀이해야만 사람들이 말을 들어주거나 진지하게 대했다.

프레젠테이션을 한다는 것은 사람들을 설득하는 것이다. 프레젠테이션이라는 명칭은 적절하지 않다. 이 명칭 때문에 사람들이 프레젠테이션에 대해 잘못된 생각을 갖게 된 것이다.

프레젠테이션을 하는 동안 당신은 사람들의 호감을 사고, 믿음을 얻고, 공감을 사서 신뢰를 얻으려 노력한다.

그러나 나는 이것을 프레젠테이션으로 생각하지 않는다. 훌륭한 발표 기술과 함께 어마어마한 준비를 하는 노력이라고 말하는 것이 훨씬 더 의미에 가까울 것이다.

최근에 프레젠테이션 기술에 관한 책을 읽었다. 책 제목이나 저자는 언급하지 않지만, 책값이 비싸고 내용은 형편없었다는 것은 밝힐 수 있다. 그 책은 프레젠테이션 과정을 저자의 입장에서 보여 주었는데, 실전에서는 전혀 도움이 되지 않는 내용이었다.

이 책에서 말하는 것은 '긴장하는 것은 좋다, 완벽해지려고 노력하지 마라, 당신이 말하려는 주제를 알아라, 연습하고 연습하고 또 연습해라.' 와 같은 조언뿐이었다.

책에 나와 있는 이런 교훈들은 실제로는 도움이 되지 않는다. 이런 내용은 성공적이며 역동적인 프레젠테이션, 승리로 이끄는 프레젠테이션에는 전혀 도움이 되지 않는다.

나는 앞에서 프레젠테이션을 할 때 긴장하는 것은 좋지 않다고 말했다. 긴장하는 프레젠테이션보다는 자신감 넘치는 프레젠테이션을 해야 한다. 사람들이 긴장하는 이유는 충분히 준비하지 못했기 때문이다. 준비가 부족하면 당연히 사람들을 설득할 수 없다.

'완벽하려고 노력하지 마라.' 라는 충고를 들을 때마다 나는 이런 생각을 한다. 그렇다면 정확히 어느 부분부터 엉망으로 해도 된다는 말인가? 초반부터? 아니면 본론으로 들어갈 때?

'당신이 말하려는 주제를 알아라.' 라는 충고도 도움이 안 된다. 프레젠테이션을 할 때 주제를 이미 알고 있기 때문이다. 이 조언은 "당신의 청중에 대해 알아야 한다. 그렇지 않으면 엉망이 된다."라고 말하는 편이 낫다.

당신이 알아야 할 것은 청중이 당신의 프레젠테이션에서 무엇을 얻게 될 것인가이다. 만약 프레젠테이션 전문가가 나에게 "연습하고 연습하고 또 연습하십시오."라고 조언한다면, 나는 비로 "무엇을요?"라고 되물을 것이다.

필요한 것은 '프레젠테이션을 연습하고 녹음하면서 매일 꾸준히 프레젠테이션 기술을 향상시키는 것'이다.

당신의 프레젠테이션을 녹음한 후에 즉시 되감아서 들어 보라. 당신이 프레젠테이션을 얼마나 잘하는지 궁금했다면 녹음한 것을 듣고 아주 정확히 알 수 있을 것이다. 장담하건대 당신은 세상에서 가장 우습고, 한심한 프레젠테이션을 듣게 될 것이다. 이는 대부분의 사람들이 공통적으로 처한 현실이다.

프레젠테이션을 녹음한 것은 당신이 어떤 말을 어떤 방식으로, 그리고 얼마나 효과적으로 전달하는지 보여 주는 증거가 된다. 결국 어느 정도 설득력이 있는지, 최종적으로는 얼마나 성공적이었는지 스스로 느끼게 될 것이다.

대부분의 사람들은 프레젠테이션에 약하다. 이는 주로 연구 부족, 준비 부족, 그리고 녹음 부족에 따른 것이다.

당신의 프레젠테이션을 녹음해서 들어 보면 당신의 결점, 실수, 그리고 취약점도 알게 된다. 이는 당신이 실력을 얼마나 향상시켜야 하는지 알려 주는 성적표가 될 것이다.

당신의 뜻을 관철하는 데 있어서 프레젠테이션 기술은 매우 중요하다. 당신의 제안에 "Yes!"라고 말하는 사람들 앞에 설 기회를 주기 때문이다.

발표 기술이 인생의 우선순위 가운데 가장 앞에 있다고 생각하는가?

다행히도 대부분의 사람들은 그렇게 생각하지 않는다. 사람들은 일을 마치면 내일 있을 프레젠테이션을 준비하는 대신 바로 집으로 돌아가서 TV 리모컨과 씨름한다. 토론 모임 대신 술을 마시러 간다.

비즈니스 업계의 95퍼센트에 해당하는 사람이 되고 싶지 않다면 프레젠테이션 기술을 공부하라. 가까운 곳에 있는 토론 강좌에 등록하라. 박람회에서 전시만 하지 말고 직접 프레젠테이션도 해 보라.

그리고 당신이 어떤 일을 하든 당신이 하는 말을 다 녹음해라. 녹음이야말로 당신의 말하는 실력을 파악하고 개선할 수 있는 최고의 방법이다. 당신의 프레젠테이션 성적표를 만들고 싶다면, 몇 번이나 자신의 뜻을 관철시켰는지 살펴보고 기록한다. 프레젠테이션 기술이 향상되면서 당신의 뜻대로 관철하는 기회 역시 증가할 것이다. 심지어는 급격히 증가할 수도 있다. 정말 멋진 보상 아닌가!

FREE GITBIT

프레젠테이션에 대한 기술을 더 많이 알고 싶은가? www.gitomer.com에 접속해서 회원 등록을 한 다음 GitBit 박스에 'PRESENT'라고 쳐 보세요.

PART
06 설득
퍼포먼스

오늘 하는 프레젠테이션 때문에
무척 긴장되네요.
프레젠테이션이라니요!
당신이 오늘 하는 것은
퍼포먼스라고요.
제대로 준비했다면
긴장될 이유도 없고요!

스피치,
스피치!

나는 매년 약 120회의 강연을 한다. 지금까지 15년 동안 강연을 해 왔으니까 대략 1,800회 정도 강연을 한 것이다. 그간의 경험을 통해 알게 된 '기립 박수'와 'Yes!'를 유도하는 훌륭한 스피치를 위해 필요한 나만의 9개 요소를 소개한다.

1. **사람들에게 정보를 제공하라.** 당신이 '새로운' 정보를 전달하는 상황이라고 하자. 청중이 이 새로운 정보를 통해 더 생산적이고 더 많은 이익을 낼 수 있게 도와야 한다. 여기서 말하는 정보란, 당신이 하는 일에 대한 광고가 아니라 당신이 일하는 분야의 전문 지식을 알려주는 것이다.

2. **청중을 즐겁게 만들라.** 당신은 청중에게 정보를 줌과 동시에 즐겁게

만들 책임이 있다. 지루한 스피치를 듣고 싶어 하는 청중은 아무도 없다. 청중을 즐겁게 하는 비결은 그들을 웃게 만드는 것이다.

3. 사람들을 웃게 만들면 당신 말에 저절로 귀 기울인다. 코미디 클럽에 가 본 적이 있는가? 코미디언은 술이 코로 나오게 할 정도로 당신을 박장대소하게 만든다. 코미디언이 다음 말을 하려고 다시 입을 떼면, 당신은 다음 이야기를 놓치지 않기 위해 억지로 웃음을 참으면서까지 귀를 기울인다. 즉, 웃음이 터지고 난 다음에 사람들의 집중력은 최고가 된다.

4. 최소한 한 번은 감탄을 자아내게 하라. 당신이 하는 말은 청중에게 새롭고 중요한 정보여야 한다. 사람들이 당신의 말, 생각, 그리고 아이디어에 귀 기울이고 "아, 그렇구나!"라고 감탄사를 터트려야 한다.

5. 청중에게 희망을 주어라. 누구나 더 나은 삶, 더 나은 직장, 더 많은 연봉을 원한다. 그리고 이런 바람들을 성취할 수 있기를 희망한다. 사람들을 격려해 주어라.

6. 당신의 경험을 나누어 청중으로부터 감성을 이끌이 내리. 메시지의 내용이 짧든 길든 감동적이어야 한다. 당신의 말에 대한 당신의 믿음이 모든 사람에게 잘 전달되어야 한다.

7. 메시지와 아이디어를 청중에게 전달하라. 사람들이 "알 것 같아!", "가능하겠는데.", "해 봐야겠어!"라고 생각할 수 있어야 한다. 사람들이 이렇게 생각할 때, 당신의 메시지는 청중에게 잘 전달된 것이다.

8. 청중에게 동기부여가 아닌 영감을 주어라. 동기부여는 일시적이지만 영감은 오랫동안 여운이 지속된다.

9. 이야기를 당신 것으로 만들어라. 당신이 자신의 이름을 기억하듯이 모든 내용을 완벽하게 익히면 긴장감이 사라질 것이다. 당신이 할 말을 당신 것으로 만들면 사람들 앞에서 '발표하고 있는 중'이라고 의식할 필요가 없다. 청중과 함께 '한곳에' 있을 뿐이다.

당신이 좋은 이야기를 전하면 사람들은 당신에게 감사하고, 이야기를 실천으로 옮기고, 다른 사람들과 공유하려 할 것이다. 그리고 오래도록 기억할 것이다.

프레젠테이션을
공연으로 만들라

최근에 갔었던 콘서트나 연극, 혹은 공연장이 생각나는가? 당신은 좌석에 몸이 달라붙은 듯 앉아서 공연에 완전히 몰두했을 것이다. 왜냐하면 당신이 본 것은 프레젠테이션이 아니라 퍼포먼스였기 때문이다!

당신의 프레젠테이션은 어떤가? 당신이 하는 것은 퍼포먼스인가, 아니면 프레젠테이션인가?

공연하는 사람들은 그들의 심장, 에너지, 기술 그리고 온갖 열정을 공연에 다 바쳐서 예술의 완벽성을 추구한다. 그리고 더 향상되기 위해 끊임없이 방법을 찾고 노력한다. 그래서 관객들은 훌륭하고 감동적인 공연을 보면 이를 오랫동안 기억하고 그 감동을 영원히 간직하고 싶어 한다. 당신도 내가 하는 것처럼 프레젠테이션을 할 때 모든 열정을 쏟아부어 당신의 프레젠테이션을 퍼포먼스 수준으로 끌어올려야 한다.

설득의 다른 요소들과 마찬가지로, 당신의 프레젠테이션을 향상시킬 수 있는 비결이 있다. 그 비결은 열정을 가득 품고 연습하는 것이다. 당신의 모든 열정을 바쳐라!
물론 말처럼 단순하지는 않다. 당신이 하는 일을 좋아하지 않는다면 연습은 몸만 고되게 할 뿐이다. 하지만 일을 정말로 좋아한다면 연습이 즐거울 뿐만 아니라 연습 시간을 기다리게 된다.

최고로 멋진 공연을 하는 방법

'당신이 무엇을 말하느냐가 아니라 어떻게 말하느냐에 달려 있다.'라는 옛말이 있다.

이 말은 잘못된 말이다. '무엇'과 '어떻게' 두 가지 모두 중요하다. 훌륭한 프레젠테이션을 퍼포먼스로 이끌려면 무엇을 말하느냐와 어떻게 말하느냐가 완벽히 조화를 이뤄야 한다. 그렇지 않으면 청중은 당신에게서 멀어진다. 이제부터 어떻게 말하느냐를 집중적으로 살펴볼 것이다. 당신의 프레젠테이션이 훌륭하더라도 열정, 진실성, 그리고 믿음이 없다면 사람들의 마음을 움직이지 못한다.

퍼포먼스 시작 부분의 성공 여부를 결정짓는 중요한 4개 요소가 있다.

1. 친밀감

다른 사람들의 입장이 되어라. 사람들이 당신에게 공감할 수 있는가?

2. 필요

다른 사람들에게 필요한 것이 무엇인지 알아야 한다. 사람들은 자신에게 필요한 것을 얻기 위해 당신에게 귀 기울인다. 당신은 사람들이 필요로 하는 것을 말하고 있는가?

3. 중요성

사람들이 당신의 메시지에 공감하고 긴박함을 느낄 수 있어야 한다. 사람들이 자발적으로 당신의 메시지대로 하려고 하는가?

4. 자신감

위험 부담이 없고 보상을 얻는다고 사람들을 확신시키고 안심시키는 자신감을 보여야 한다. 사람들이 당신의 자신감을 느끼는가?

위의 요소들을 위해 사람들에게 적절한 질문을 해서 필요한 정보를 얻어야 한다. 하지만 훌륭한 퍼포먼스는 당신이 메시지를 어떻게 전달하느냐에 달려 있다.

강요나 설득의 기술에 대해서는 많은 것들이 알려져 있지만 퍼포먼스 기술에 대해서는 별로 알려진 게 없다. 또한 이 퍼포먼스 기술은 설득을 통해 "Yes!"라는 대답을 얻어 내는 숙련된 스피치 기술과 당신의 근본적인 의사소통 능력을 조화롭게 결합한 형태라고도 할 수 있다.

퍼포먼스 내내 당신의 스피치 기술들을 잘 활용해야 하지만 도입 부분이 가장 중요하다. 도입 부분은 퍼포먼스의 첫인상을 만들고, 나머지 퍼포먼스의 분위기를 결정하기 때문이다. 다음에 제시하는 퍼포먼스의 기술과 정의들이 당신의 퍼포먼스 향상에 도움을 줄 것이다.

• 분명하게 말한다.

들기에 간결해야 한다. 그러나 사람들이 당신의 말을 이해하지 못한다면(억양, 사투리, 빠른 속도, 우물쭈물하는 것 때문에), 당신이 말하는 것이 전달되지 못하고 결국 당신의 생각대로 관철할 수 없다.

• 적극적인 태도를 보인다.

퍼포먼스에 몰입해서 청중에게 중요성과 긴박함을 전달한다.

• 몸을 만지작거리지 않는다.

손가락 관절 우두둑 소리 내기, 주머니에서 동전 짤랑거리기 등 당신의 퍼포먼스에서 주의를 분산시킬 수 있는 행동은 하지 않는다.

• 더듬거리지 마라.

더듬거린다는 것은 준비가 제대로 되어 있지 않다는 것을 의미한다. 당신이 말을 더듬거리면 청중도 불안해지고 참을성 없게 행동하게 된다. 게다가 당신을 신뢰할 수 없게 된다.

• '음……', '어……' 같은 소리를 내지 않는다.

말을 끊거나 반복하는 말버릇은 듣는 사람을 짜증 나게 하고, 당신의 메시지보다 결점에 신경 쓰게 한다. 해결책은 연습뿐이다.

• 생동감이 넘쳐야 한다.

가장 놀라운 일이 방금 당신 앞에서 일어난 것처럼 눈을 크게 뜬다. 손동작을 많이 활용한다. 손동작을 크게 하라는 것이 아니라 요점을 콕 짚을 때나 활기차게 표현해야 할 때 적절하게 쓴다.

• 다양한 목소리로 전달한다.

크고 부드러운 목소리로 말한다. 노래를 부르는 것은 아니지만 노래 부르듯 하라. 높은 톤부터 낮은 톤까지 모두 활용하고 중요한 말은 힘 있게 강조한다. 사람들이 노래를 듣듯이 당신 말을 들을 수 있게 해야 한다. 당신만의 스타일이 있어야 한다.

• 중요한 정보는 비밀인 것처럼 속삭이듯 말한다.

청중이 당신 말을 듣기 위해 몸을 앞으로 숙이게 해야 한다. 청중이 이런 비밀을 듣는 것이 특권인 것처럼 느끼게 한다.

• 퍼포먼스를 할 때는 일어선다.

당신의 제스처와 이야기에 극적 효과를 더해 줄 것이다.

• 자세를 똑바르게 한다.

어깨가 구부정하면 당신의 말들은 청중이 아닌 강의실 바닥에 떨어진다.

• 눈을 쳐다본다.

눈을 마주치는 것은 청중에 대한 신뢰감의 표시이다. 눈을 똑바로 쳐다보라. 눈과 눈을 마주하면 신뢰감이 쌓인다.

• 퍼포먼스는 과감하게 한다.

틀에 박히고 소심하게 하지 않는다. 새로운 것을 이야기하라. 즉흥적으로 새로운 방법을 만들어 본다. 물론 즉흥적으로 하는 것은 마음이 불편해질 수 있다. 그게 뭐 대수인가? 원래 그렇게 발전하는 것이다.

• 청중의 취향에 맞아야 한다.

청중이 완고하고 보수적이라면 지나치게 자유분방하게 말해선 안 된다.

• 한마디 한마디 자신감을 갖고 말한다.

당신 자신을 믿는 것은 당신의 뜻을 이루는 데 큰 부분을 차지한다.

- 적절한 어휘를 사용한다.

많이 아는 것처럼 보여야 한다. 셰익스피어까지 언급할 필요는 없지만 많은 이야깃거리와 정보를 알고 있어야 있다. 업계에서 뜨고 있는 말을 하라. 매주 새로운 용어 10개 이상은 알고 있어야 한다.

- 중요한 말은 강조한다.

중요한 말을 할 때는 강한 어조로 말한다. 그런 다음 사람들이 이해할 수 있는 시간을 준다.

- 신체 전부를 활용한다.

손과 팔을 이용해 제스처를 한다. 일어나서 돌아다녀라. 중요한 포인트에서는 제스처도 함께 활용한다.

- 고개를 끄덕인다.

이 작은 무의식적인 행동이 사실은 가장 영향력 있는 기술 중 하나이다. 전체 퍼포먼스 동안 'Yes!'와 긍정의 분위기를 조성하기 때문이다.

- 미소를 짓는다.

뇌 수술을 하는 것이 아니라 다른 사람들을 돕는 즐거운 일이다. 미소를 짓는 당신의 얼굴이 잠재 고객들의 마음을 편안하게 해 줄 것이다.

당신이 긴장을 많이 하면 청중도 덩달아 초조해진다. 앞에서 언급했듯이 사람들이 긴장하는 것은 준비를 제대로 하지 않았기 때문이다 (돈이 없어서 그럴 때도 있다). 침착해야 한다. 당신이 긴장해서 식은땀을 흘리는 모습을 청중이 보거나 눈치채게 해서는 안 된다.

능숙한 발표자가 되려면 퍼포먼스를 몇 번 망칠 것이라는 각오를 해야 한다. 스피치가 아닌 하나의 여정으로 생각해라. 당신의 프레젠테이션이나 스피치는 처음에는 그냥 봐 줄 만한 정도일 것이다. 그다음에는 괜찮은 정도, 또 그다음에는 훌륭하게 될 것이다. 그리고 마침내는 모든 사람들의 기억에 남을 프레젠테이션을 할 수 있는 경지에 오를 것이다.

하지만 시작도 하지 않으면 당신이 바라는 경지에 절대로 이를 수 없다. 당신은 메시지를 전달하는 매체이자 메시지를 전달하는 사람이다. 나는 당신에게 연료와 메시지를 제공하고, 나머지는 당신에게 달려 있다!

훌륭한 퍼포먼스의 핵심 요소

타이 보이드는 Ty Boyd 는 이렇게 말한다. "경영자, 임원, 중간 관리자, 그리고 영업 사원에 이르기까지 모든 사람들이 자신들의 말하는 방식에 성공이 달려 있다는 걸 알지 못한다. 형편없는 말솜씨는 신뢰를 떨어뜨린다." "대부분의 사람들은 자신들의 프레젠테이션 기술이 얼마나 형편없는지 모른다. 자신들의 메시지에 집중하면 얼마나 쉽게 프레젠테이션 기술을 개선할 수 있는지 알지 못한다."

스피치의 대가로부터 듣는 훌륭한 조언이다.

당신은 프레젠테이션 기술의 향상을 위해 어떤 노력도 아끼지 않을 마음의 준비를 하고 있는가? 아니면 절박한 상황에 처해야만 할 수 있는가? 용뿐만이 아니라 당신의 목에서도 불을 뿜어 낼 수 있는 최선의 방법이 바로 여기에 있다.

1. **힘차게 악수한다.** 악수할 때 상대방이 인식할 수 있을 정도로 힘차게 손을 흔들어라. 힘찬 악수는 처음 만나는 순간부터 당신 주변에 신뢰가 가득 찬 분위기를 만들어 준다.

2. **분위기를 만든다.** 정보 전달자로서 당신의 의무는 정보가 편안하고 자연스럽게 흘러가는 분위기를 만드는 것이다.

3. **적절한 속도로 전달한다.** 시간과 타이밍 감각을 익힌다. 청중의 속도에 맞추면서 타이밍을 적절히 조절한다. 가장 흔하면서도 큰 실수 중 하나가 빠르게 말하고, 빠르게 프레젠테이션을 진행하는 것이다. 당신에게는 천 번째 하는 프레젠테이션이더라도 청중은 이번이 첫 번째라는 것을 기억하라.

"당신 자신이 된다는 것은 당신의 믿음과 이상을 위해
모든 것을 기꺼이 잃을 준비가 되어 있다는 것을 의미합니다."

4. 당신을 평가해 줄 사람들을 참석시킨다. 가능하다면 동료 또는 상사가 당신의 프레젠테이션이나 스피치를 들을 수 있는 기회를 꾸준히 마련한다. 프레젠테이션이 끝나면 앞에 나온 셀프 테스트(72~73페이지)를 그들에게 해 달라고 부탁한다. 개선해야 할 점을 물어보고 당신의 장점과 단점을 기록한다.

5. 당신의 전화 통화를 녹음한다. 전화 통화를 녹음해서 당신의 실력을 체크한다. 전화 통화 녹음은 당신이 얼마나 분명하고 자신감 있게 말하는지 확인하는 셀프 모니터로 활용할 수 있다. 녹음한 것을 들어 보고 도저히 자신의 목소리를 못 듣겠다고 생각되면 목소리 톤부터 바꿔라.

6. 이 책의 아무 페이지나 소리 내어 읽고 녹음한다. CD에 녹음하면 운전하면서 차에서 들을 수 있으므로 더 좋다. 세일즈에 대해 배우면서 당신의 목소리가 어떻게 들리는지도 알 수 있을 것이다. 당신의 목소리는 듣고 싶은 목소리인가? 그렇지 않다면 스타일과 감정을 살려서 다시 녹음해 본다.

7. 첫 5분 동안의 프레젠테이션을 함께 본다. 친구나 동료를 초대해서 프레젠테이션을 하는 자신의 모습을 촬영한 동영상 또는 녹화 테이프를 함께 본다. 촬영된 것을 보면서 점수를 매긴다. 당신의 모습을 볼

때 속이 안 좋아질 수도 있다. 예상되는 당신의 반응은 두 가지이다. 보면서 견디기 힘들어지거나, 당신이 아니라고 부인할 것이다. 두 달 동안 일주일에 한 번씩 녹화한 것을 본다.

8. 일주일에 한 번씩 자신의 모습을 평가한다. 집에서 당신을 촬영한 것을 본다. 고쳐야 할 나쁜 버릇 2개와 보강할 장점 2개를 찾는다.

9. 철저히 준비한다. 당신이 전달하려는 메시지를 완벽히 알아야 한다. 프레젠테이션을 하기 전에 리허설을 통해 프레젠테이션에서 할 말과 과정들에 익숙해져야 한다.

10. 당신 자신이 되어야 한다. 연기하지 마라. 당신 자신이 하는 말을 믿을 때 당신의 인품은 저절로 빛이 난다. 진실한 당신의 모습을 보면서 사람들은 당신을 신뢰하게 된다.

다양한 목소리

말을 할 때 다양한 톤으로 노래하듯이 한다. 명료하고 완벽하게 메시지를 전달하면서 때에 따라 소리를 높이거나 속삭이듯 말한다. 중요한 말을 전달할 때는 강조한다. 매우 박식한 교수님일지라도 단조로운 목소리로 강의하면 제대로 듣는 학생이 없을 것이다. 내가 그랬다.

제스처

크게 사용할수록 좋다. 팔을 사용하되 손을 사용하지 마라. 기회가 될 때마다 녹화하면서 연습한다. 녹화한 것을 볼 때 몸동작이 자연스럽게 보이는지 인위적으로 보이는지 확인한다. 말을 하면서 팔이 자연스럽게 따라 나오도록 한다. 손은 자전거 탈 때 사용한다!
개인적으로 나는 제스처 모양을 미리 생각해 두지 않는다. 말하면서 저절로 나오게 한다. 그래야 더 자연스럽고 진지해 보인다고 생각한다. 제스처는 중요한 말을 강조하고 동시에 교류할 수 있게 해준다. 제스처를 사용해서 당신의 이야기가 너 생동감 넘치게 들리도록 하라.

적극적으로 행동하라. 나는 내 얼굴에서 표정이 잘 드러난다는 말을 자주 듣는다. 나는 이런 말을 듣는 것이 좋다. 청중들이 내 얼굴을 보는 것이 아니라 내 이야기를 듣고 있는 것이기 때문이다. 표정을 있는 그대로 너무 드러내는 것 아니냐고 묻고 싶은 사람도 있을 것이다. 그렇지만 나는 나의 말과 내 몸동작이 조화를 이루는 퍼포먼스를 하고 있는 것이다. 나는 용감하게 말하고 몸동작도 이에 어울리게 한다. 몸동작은 자신에 대한 믿음과 자신감을 표현해 주는 것이다.

한 번에 모든 청중을 볼 수는 없다. 한 사람만 쳐다봐야 한다. 물론 계속 한 사람만 주시하는 것은 아니다. 한 번에 한 사람씩 눈을 마주쳐라. 당신이 눈을 마주치면서 적절하게 몸동작을 하면 사람들은 당신의 얼굴 표정에서 당신의 메시지를 읽을 수 있다.

몸을 앞으로 숙이고 눈과 눈을 마주쳐라. 이것은 감동적인 메시지를 만들 뿐 아니라 스스로 자신의 말을 믿고 확신한다는 것을 직접적으로 보여 주는 것이다. 눈을 바라보면 청중은 당신에게 호의를 가진다. 또한 시선은 진실을 함축하고 있다. "그는 내 눈을 쳐다

보지도 못했어요."라는 말을 들어 보았을 것이다.

당신의 프레젠테이션을 퍼포먼스의 수준으로 끌어올리기 위한 방법을 찾고 있다면, 당신의 눈이 바로 그 해답이다.

분명한 말

필라델피아에서 자라면서 나는 '필리the Philly'라는 억양을 썼다. 필라델피아에서는 '원투Want to'라고 발음하지 않고 '워나Wanna'라고 하며, '고잉 투Going to' 대신 '고나Gonna'라고 말한다.

더 심한 문제는 내 가족의 절반이 필라델피아 출신이고 나머지 반은 브루클린 출신이라는 것이다. 어법의 여왕인 나의 어머니는 필라델피아와 브루클린의 중앙에 서서 내가 말하는 것을 고쳐 주셨다. 내가 들은 가장 큰 칭찬 중 하나는 "액센트가 없으시네요!"이다. 그런 말을 들을 때마다 난 미소를 짓고 마음속으로 어머니에게 감사 드린다.

분명하고 명확하게 말하면 말의 영향력도 커지고 전달력도 커진다. 뮤지컬 공연을 보러 가서 맨 앞줄에 앉아 본 적이 있는 사람은, 배우가 노래하거나 말할 때 침이 튀기는 것까지 보았을 것이다. 그것이 퍼포먼스 형태로 나타나는 명료성이다.

물론 침을 튀기면서 말하라는 것은 아니다. 요점은 "단어 발음을 제대로 하는지 의식하라!"는 것이다. 특히 지방색이 강한 억양이나 자란 지역의 독특한 표현을 즐겨 사용한다면 말이다.

영혼

'영혼'이라는 말은 여러 가지의 정의가 있다. 당신의 생각대로 관철하기 위한 과정에서 '영혼'은 마음 상태를 가다듬고 조화롭게 만드는 능력이라고 정의할 것이다. 영혼은 당신의 말과 제스처를 매우 활기차게 만든다. 그래서 매력적이고 유쾌한 방법으로 말하고 행동하게 한다. 사람마다 타고난 성격이 있지만, 영혼은 시간을 두고 서

"빛이 흘러 들어오는 곳을 향해서 터널 안을 떠돌아다니고 있었어요. 그때 갑자기 저에게 '프레젠테이션이 끝났으니 일어나요.'라고 말하는 목소리가 들렸지 뭐예요."

서히 배울 수 있다. 당신이 하는 일에 깊은 애정을 갖고 있다면 영혼을 발전시키는 일은 더 쉽다. 사랑과 열정은 영혼으로 이끈다. 그리고 당신의 프레젠테이션을 퍼포먼스 수준으로 끌어올릴 수 있다.

노래 부르기와
기립 박수

사람들은 나에게 퍼포먼스 기술을 어디서 배웠느냐고 묻곤 한다. 나는 노래 반주기에게서 배웠다. 나는 바에서 노래 반주기에 맞춰 노래하면서 더 멋있게 노래하는 법을 연구한다. 하지만 술은 마시지 않는다. 취하지 않은 상태에서 노래한다.

물론, 나는 바에서 노래를 부르기 전부터 수많은 강연을 해 왔다. 하지만 바에서 노래를 부르고부터 나의 퍼포먼스 실력에 대해 깨닫게 됐다.

노래 반주기에 맞춰 노래할 때 당신은 이미 부를 노래를 알고 있다. 노래 가사도 앞에 있는 모니터에 나와 있다. 실수로 한 마디를 놓치더라도 노래 가사는 여전히 화면으로 흘러나와 노래를 계속 부를 수 있게 도와준다. 글을 모른다면 모를까 부르지 못할 이유가 전혀 없다.

부를 노래를 알고 있는 데다 화면에 가사가 흘러나온다면 당신은 퍼포먼스에만 집중할 수 있다. 노래를 하면서 제스처, 몸동작, 시선 처리, 그리고 마이크를 어떻게 잡아야 할지도 생각하면서 부를 수 있다. 또한 즐거운 시간을 보내고 있기 때문에 자신감에 차서 큰 목소리로 흥겹게 노래할 수 있다. 평소 머뭇거리던 당신의 모습은 볼 수 없다!

1989년부터 1993년까지 나는 샬롯 Charlotte의 다양한 클럽에서 일주일에 두세 번 정도 바에서 노래 반주기에 맞춰 노래를 불렀다. 하지만 절대 술을 입에 대지는 않았다. 그리고 항상 노트북컴퓨터를 챙겨 가서 다음 노래를 부르는 사이에 글을 썼다.

어느 날, 목소리가 매우 매력적인 손님이 노래를 불렀다. 안타깝게도 퍼포먼스는 형편없었다. 그의 노래가 끝난 후 나는 그에게 다가가서 다음 노래를 부를 때 기립 박수를 받고 싶으냐고 물었다. 그는 "물론이죠!"라고 말했다.

그래서 나는 "그러면 이 네 가지 방법을 사용해 보세요!"라고 제안했다.

첫째, 모니터 앞에 멀거니 서 있시 바라. 무선 마이그를 들고 사람들 사이로 다니면서 노래를 불러라. 사람들과 어울려라.

둘째, 화면의 가사를 보지 마라. 사람들을 봐라. 딩신은 이미 가사를 안다. 그러므로 모니터 화면을 보고 노래 부를 게 아니라 사람들을 보면서 노래 불러라.

셋째, 열정적으로 불러라. 노래 부를 때 팔과 몸을 이용해라.

넷째, 마무리는 큰 동작으로 하라. 멋지게 마무리 지어라. 몸을 뒤로 젖히고, 노래 음을 길게 끌어서 노래에 활력을 불어넣어라.

뒷이야기를 하자면, 이 사람이 다시 퍼포먼스를 하듯이 노래를 부르고 난 후에 사람들은 열광적인 반응을 보였다. 기립 박수는 물론 환호성까지 질렀다. 이제 그 사람의 삶은 영원히 변한 것이다.

나는 노래 반주기를 비롯하여 노래방이 단순히 노래를 부르게 하는 것 이상임을 깨닫게 되었다. 나는 사람들이 노래하는 동안 그들에 대해 메모를 하면서 '노래 반주기를 이용한 프레젠테이션 기술을 퍼포먼스 기술로 끌어올리기'라는 강연 내용을 만들 수 있을 정도가 되었다.

그 일이 있은 다음 2년 동안, 나는 다음과 같은 것들을 알게 됐다.

노래를 부르면……

- 긍정적이고 편한 마음을 갖게 된다.
- 당신은 노래 가사를 이미 알고 있거나 볼 수 있으므로, 퍼포먼스에만 집중할 수 있다.

- 흔히 사람들은 말하는 것에만 신경 써서 다른 사람들과 소통해야 한다는 것을 잊어버린다. 노래를 부르면 사람들과 소통할 수 있다.

- 빠른 노래와 느린 노래는 각각 다른 힘을 갖고 있다. 록 음악과 컨트리음악도 각기 다른 힘을 갖고 있다. 만약 노래를 못 부른다고 생각하면 느린 곡은 부르지 마라.

- 청중은 즐거운 것을 원한다. 당신이 노래를 못하더라도 상관없다. 때로는 음치가 더 큰 환호를 받기도 한다.

- 당신이 부르는 노래를 청중이 알고 있다면 그들은 노래를 따라 부른다. 그러면서 당신과 함께 즐거운 시간을 보낸다.

- 프레젠테이션과 퍼포먼스를 하는 동안 잘하는 것과 힘이 느껴지게 하는 것은 차이가 있다. 노래는 이 두 가지 모두 표출할 수 있다.

노래와 스피치의 관계는……

- 나는 스피치를 하는 법을 가르치기 위해서 노래하는 것을 활용할 수 있다. 스피치의 힘을 노래와 관련지어 가르칠 수 있다. 그것이 퍼포먼스이다.

노래 부르면서 얻는 기회

- 언어의 예술가가 되는 기회
- 당신이 단순한 발표자가 아니라 공연자라는 사실을 인식하게 되는 기회
- 사람들 앞에 서는 기회
- 군중 속에 있는 사람들과 눈을 마주치는 기회

- 단순히 노래의 가사를 전달하기보다는 퍼포먼스를 강조하게 되는 기회

- 가사를 이미 알고 있으므로 가사를 이용해 퍼포먼스를 펼칠 기회

- 목표 달성을 위해 최선을 다하는 기회

- 춤을 추면서 노래를 부를 수 있는가?(춤추기에는 느린 음악보다 빠른 음악이 쉽다.) 몸을 움직일 기회

- 사람들이 손뼉을 치게 만들 수 있는가? 사람들을 참여시키는 기회.

무선 마이크가 있다면 화면 앞에 붙어 있지 마라. 사람들 앞으로 가서 사람들과 교감하면서 노래하라. 노래하면서 사람들과 소통하라.

말하는 것 대신 노래로 하면 얻을 수 있는 이점

- 몸을 풀어 주고 긴장을 이완시킨다.

- 백업(음악)이 있다. 노래를 못하더라도 배경 음악이 분위기를 살려 준다.

- 한 사람을 골라서 그 사람에게 노래할 수 있다. 동시에 여러 사람을 쳐다보면서 노래하면 사람들은 집중해서 듣지 않는다. 하지만 한 사람을 향해서 부르면 전체 사람들의 관심이 쏠려서 결국에는 모든 사람들이 집중해서 듣게 된다.

- 노래를 하다 보면 당신에게 맞는 키, 목소리 톤을 익혀서 당신의 목소리를 어떻게 내야 할지 알게 된다.

- 말할 때의 템포와 속도를 알맞게 조절해 주고 이를 유지할 수 있게 도와준다.

- 노래하면서 리듬을 타면 가사와 맞는 제스처가 저절로 나온다.

- 노래할 때 제스처가 크고 역동적일수록 자연스럽게 몸에 배어 말할 때도 활용할 수 있다.

- 노래는 긴장을 풀어 준다.

- 몸 전체를 이용해서 메시지를 전달한다.

- 말을 할 때 멜로디를 타게 된다.

- 목소리를 최대한 이용할 수 있다. 다양한 목소리를 활용할 수 있다.

- 당신 앞에 노래 가사가 있다. 자신감을 가질 수 있다.

- 그 가사들은 익숙할 뿐만 아니라 외우고도 있다.

- 눈 마주치기의 효과를 보여라. 전체를 볼 때와 한 사람만 볼 때를 비교해 보라.

- 당신에 대한 사람들의 지지, 어울림, 격려 등 모든 것을 한 번에 얻을 수 있다.

당신에게 좋은 점

- 당신은 새로운 방식으로 퍼포먼스를 한다.

- 당신은 스타이다.

- 당신은 쇼 비즈니스 중이다. 그러므로 최대한으로 보여 주어야 한다.

- 당신이 노래를 잘하는지는 중요하지 않다.

- 당신의 코치가 항상 당신 앞에 있다.

- 즉석에서 당신의 실수를 발견할 수 있다.

- 스스로 나아지는 것을 느낄 수 있나.

- 즐겁다.

- 연습하는 것이 즐겁다.

• 즐거울수록 실력이 더 좋아진다.

• 비교해 본다면 말하는 것이 쉽다.

• 당신의 노래와 리듬, 가사, 청중, 그리도 당신 자신도 하나가 된다.

사람들을 이해시키고 참여시키는 것이 쉽다

• 가사는 언어가 아니라 멜로디이다.

• 음악은 즐거운 분위기를 만들어 준다.

• 음악은 사람들을 귀 기울이게 한다.

• 노래는 메시지를 가지고 있다(가사가 있다).

• 사람들은 당신의 노래 가사에 공감할 수 있다.

• 사람들이 당신의 노래를 좋아하면 당신도 좋아하게 된다(반대의 경우도 마찬가지다).

• 사회자가 당신을 청중에게 소개할 때 사회자의 소개가 당신의 분위기를 결정

한다. 음악도 분위기를 결정한다.

설득력 있는 말하기 기술을 원하는가? 그렇다면 노래를 불러라.

향상을 원한다면
녹화하라

1993년, 나는 산업박람회에서 전시 개최자들을 상대로 강연을 하게 되었다. 계약과 세일즈 향상을 위한 주제로 약 3시간 동안 하는 강의였다. 이미 수백 개의 박람회에서 강연을 했던 터라 나는 강연을 꽤 잘한다고 자부하고 있었다.

행사가 끝난 후 여자 한 분이 나에게 다가와서 "괜찮으시다면, 강사님이 프레젠테이션을 하시는 모습을 비디오로 녹화해도 될까요?"라고 물었다. 나는 기분이 우쭐해져서 기꺼이 응했다. 그리고 내가 프레젠테이션을 하는 모습을 녹화해 본 적이 없었기 때문에 원본을 달라고 부탁했다. 사실 나는 이 녹화 테이프를 판매하면 큰 성공을 할 수 있지 않을까 하는 생각까지 했다.

프레젠테이션이 끝나고 모든 사람들이 큰 박수갈채를 보냈다. 나는 내가 멋지게 해냈구나 하는 생각이 들어 기분이 흡족했다. 그리고 내 모습을 담은 테이프를 받아서 집으로 돌아왔다.

그날 밤, 나는 팝콘도 튀기고 우리 집 고양이까지 불러서 내 무릎에 앉혔다. 그리고 비디오테이프를 VCR에 넣고 리모컨을 누른 뒤, 소파에 몸을 편하게 기대고 멋진 내 모습을 감상할 준비를 완벽하게 끝마쳤다.

3시간짜리 프레젠테이션 중 첫 15분을 보는 동안 나는 소파 팔걸이를 움켜쥐고 있었다. 너무 세게 꽉 쥐어서 손가락조차 움직일 수 없었다. 간단히 말하자면 아주 가관이었다. 화면 속의 나는 매우 거만했으며, 일부러 겸손한 척하는 모습도 다 티가 났다. 얼굴은 미소 한 번 짓지 않고 줄곧 딱딱하게 굳어 있었다. 옷을 왜 저렇게 입었을까 하는 생각도 들었다. 그런데다 평소 의식하지 못했던 것도 발견했다. 나는 머리숱이 줄어들고 있었다!

아무리 관대하게 보려 해도 형편없었다. 나는 다음 2시간 45분 동안 고통을 참고 끝까지 다 봤다. 정말로 끔찍했다. 고양이까지 도망가 버렸다. 그러나 나는 한 번 더 보기로 마음먹었다. 그리고 이번에는 메모 준비를 했다.

나는 눈에 거슬리는 나의 행동들의 리스트를 만들었다. 이것을 프린터로 출력한 종이를 3년 동안 항상 지니고 다녔다. 그리고 사람들 앞에 서야 할 때마다 그 리스트를 단상 위에 두고 강연을 시작하기 전에 읽었다. 미소는 매우 중요하기 때문에 목록 맨 위와 마지막 두 군데에 적었다.

이 이야기의 교훈은 만일 당신이 사람들 앞에서 말하는 모습을 녹화해 본 적이 없다면, 절대로 당신의 모습이 어떤지 알 수 없다는 것이다.

내 모습을 녹화한 것은 나에게 현실을 일깨워 주고, 개선하고, 배울 기회를 주었다. 그날 내가 사람들 앞에서 말하는 모습을 녹화하지 않았다면, 나는 절대로 녹화의 중요성을 깨닫지 못했을 것이다. 그리고 계속 내가 잘한다고 생각하고 있을 것이다. 바로 당신처럼!

나는 당신이 내 책을 구입해 준 것을 고맙게 생각한다. 나는 개인적으로 당신을 잘 모르지만 당신은 자신이 프레젠테이션을 하는 것을 녹화해서 본 적이 없을 것이다. 내가 당신에게 프레젠테이션을 잘하느냐고 물어보면, 당신은 "괜찮게 해요."라고 말할지도 모른다. 그러면 나는 "본인 모습을 녹화해서 본 적이 없다면 절대로 장담하실 수 없을 것입니다."라고 말할 것이다.

당신이 프레젠테이션하는 모습을 녹화하는 것은 당신이 현실을 판단할 수 있는 최고의 방법이며, 유일한 방법이다. 장담하건대 당신의 프레젠테이션을 개선하는 기회가 될 것이다.

PART
07
세일즈와 설득,
그리고 퍼포먼스

당신이 세일즈와 관련된 일을 하지 않더라도
이 PART를 꼭 읽어 보세요. 푹 빠지게 될 겁니다.
멍멍!

세일즈로 이끄는
프레젠테이션의 비결

중요한 고객과 약속이 잡혀 있는가? 계약을 성사시키고 싶은가? 당연히 그러고 싶을 것이다. 누구나 계약을 성사시키고 싶어 한다. 큰 건이라면 더욱 그렇다.

당신에게 좋은 소식을 전하려고 한다. 이는 단순히 '세일즈 방법'에 관한 것이 아니다. 다음 4페이지에 걸쳐서 잠재 고객의 관심을 끄는 세일즈 요소들을 다룰 것이다. 이 요소들은 전형적인 '조사, 발표, 불리한 점 극복하기, 고객과 친해지기, 팔로우업follow-up, 후속 작업'의 세일즈 방법보다 효과가 훨씬 클 것이다.

앞으로 당신이 접하게 될 요소들은 이미 알고 있는 세일즈 '체계' 그 이상이다. 이 방법들은 전형적인 세일즈 방법이 아니므로 단순히 세일즈에 그치지 않고 고객과의 관계를 중시하는 전문가들에게도 필요한 것이다. 이 요소들을 잘 활용하면 당신의 잠재 고객들은 당신을 신뢰하는 마음이 깊어지고 당신과 거래하고 싶어 할 것이다.

당신의 세일즈 퍼포먼스에 반드시 포함시켜야 할 12개의 요소를 소개한다.

1. **믿음 체계를 발전시켜라.** 잠재 고객을 만나러 가기 전에 당신의 회사 또는 상품이나 서비스, 당신 자신에 대한 믿음을 가져라. 믿음 있는 자세는 당신이 활용할 수 있는 가장 강력한 도구가 될 것이다. 믿음이 약해지면 열정도 약해지고, 잠재 고객도 당신의 열정을 느끼지 못한다.

2. **할 일은 전날 밤에 끝내라.** 고객의 생산성과 수익성을 올리는 데 도움이 되는 아이디어를 준비하라. 잠재 고객이 당신을 신뢰할 수 있는 아이디어를 준비하라. 당신이 이길 준비가 됐다고 느낄 때 당신의 의지대로 관철할 준비가 된 것이다.

3. **긴장을 풀고 기분을 좋게 만들어라.** 잠재 고객을 만나러 가는 길에 좋아하는 음악을 들어라. 활기차고 용기백배해서 출발하라.

4. **당신은 세일즈를 하러 가는 것이 아니라 고객의 목표를 이루도록 도와주러 가는 것이다.** 이런 마음가짐에 맞게 목표와 계획을 세워라.

5. 고객에게 도움이 될 만한 아이디어를 제공하라. 이로써 당신은 고객에게 그냥 보통의 세일즈맨이 아니다. 잠재 고객은 처음부터 당신이 하는 말에 마음을 열고 적극적으로 귀를 기울일 것이다.

6. 일에 대해 말하기 전에 친분부터 쌓아라. 호감을 주는 사람이 되어라. 사람들이 당신에게 호감을 느끼지 않는다면 당신으로부터 구매할 가능성은 크게 줄어든다. 가볍고 일상적인 대화로 잠재 고객과 당신의 공통점을 찾아라. 일상적인 대화를 나누다 보면 사람들은 긴장을 푼다. 또 눈치가 빠르거나 운이 좋다면 잠재 고객과 공통되는 관심사를 찾을 수 있을 것이다. 이는 긍정적인 결과와 인간관계를 만드는 기회가 된다.

회의가 시작될 때 사람들의 얼굴에 미소가 없고 친근한 분위기도 아니라면 더욱 열심히 해라. 이런 분위기에서는 가격 외에 승부할

수 있는 게 없다. 비즈니스적인 분위기에서 가격 외에 무엇으로 승부할 수 있겠는가?

7. **초반에 강력한 질문을 던져라.** 잠재 고객이 새로운 정보에 대해 충분히 생각한 다음, 당신이 원하는 방향으로 반응할 수 있도록 질문을 던져라. 그리고 그들의 과거 경험이나 의견을 바탕으로 대답하고, 생각하고, 참여하게 만들어라. 그런 질문들을 통해 상대방이 당신을 존중할 수 있게 하라.

8. **말할 때 지향하는 가치와 차별화를 보여 주어야 한다.** 상금이 걸린 프로 권투 시합과 마찬가지다. 시합에서 승리하려면 각 라운드를 이겨야 한다. KO 시키지 못한다면 판정승을 거두면 된다.

9. **세일즈에 연연하지 마라.** 월말이고 '반드시' 성사시켜야 할 건이라서 이를 염두에 두고 있다면, 잠재 고객도 이를 금방 눈치챌 것이다. 당신이 지나치게 밀어붙이려 하거나 '당장' 대답을 들으려 하기 때문이다. 당신은 이번 달의 목표치만큼 세일즈를 성사시키기 위해 세일즈 과정을 조종하려 할 것이다. 하지만 이렇게 하면 세일즈 과정에서 많은 실수를 저지르게 된다. 그리고 또 하나! 당신이 이렇게 촉박한 상황에 놓이게 된 이유는 평소에 관리하는 고객이 없기 때문이다.

10. **당신이 이미 성사시킨 건들을 기억하라.** 항상 당신이 승자가 될 거라고 생각하라. 그러나 고객의 입장에서는 그들이 승리하도록 도와라. 고객이 "내가 이겼다."라는 생각이 들수록 구매 확률은 높아진다. 확신이 들지 않는다면 더 많은 질문을 하고 장기적인 관점에서 생각하라.

11. **구매해 달라는 부탁을 두려워 마라.** 당신이 온 이유가 바로 그것 아닌가?

12. **당신이 고객을 평가하는 동안 고객도 당신을 평가한다.** 이런 사실을 세일즈맨들은 절대 알지 못하고 배운 적도 없다. 잠재 고객은 당신이 사무실에 들어서는 순간부터 당신의 모든 행동과 태도, 안내 데스크의 사람들을 대하는 법까지 눈여겨본다. 잠재 고객은 심지어 당신이 하는 첫말로 당신에 대해 판단하고 어떤 사람인지 결정해 버린다. 그런 다음 당신과의 거래 여부마저 결정한다. 그들의 의사 결정 기준은 당신이 일하는 회사, 상품이나 서비스가 아니다. 바로 당신이다.

세일즈 프레젠테이션을 잘하는 비결

의지대로 관철한다는 것은 당신 자신, 또는 당신의 아이디어, 그리고 당신의 상품이나 서비스를 다른 사람들에게 판매한다는 것을 의미한다.

당신은 "제프리, 저는 세일즈 분야에서 일하지 않는데요!"라고 투덜거릴 수도 있다. 당신의 생각을 관철하는 데 필요한 요소는 어떤 면에서는 세일즈의 요소를 포함하고 있다. 생각해 보라. 취업 인터뷰는 당신 자신을 고용주에게 세일즈하는 것이다. 은행 대출을 신청할 때도 대출금을 갚을 수 있다는 당신의 능력을 파는 것이다. 결혼할 때도 배우자 관계라는 가치를 장기적으로 지킬 수 있는 능력을 파는 것이다.

당신이 사업을 하는데, 은행에서 대출을 거절하면 공급자에게 지불 기일을 늦춰 달라고 부탁해야 한다. 이때 당신은 자신의 가치를 공급자에게 팔 수 있어야 한다. 이도 저도 안 되면 당신은 위기를 맞게 될 것이다. 채용 과정도 고용인들은 자신이라는 상품을 회사에 파는 것이다. 회사도 자신을 고용인에게 파는 것이다. 회사에서 업무를 하거나 회사 동료 간에 혹은 상사와 직원 간에도 항상 설득이 이뤄진다. 이 설득의 과정에는 어떤 형태로든 세일즈의 요소가 적용된다. 다양한 형태로 세일즈가 이뤄지는 것이다.

마찬가지로 당신의 동료나 직원들을 생각해 보라. 비즈니스, 일상생활, 그리고 뜻대로 관철하고 싶은 일이 있을 때 항상 세일즈 기술이 필요하다.

아이들을 보라. 아이들은 지구에서 가장 뛰어난 세일즈맨이다. 걸스카우트에서는 왜 엄마들이 아닌 아이들이 쿠키를 팔게 하는지 생각해 본 적 있는가? 엄마들이 파는 것보다 아이들이 100배는 더 잘 팔기 때문이다. 아이들은 어른들보다 더 열성적이고 열정이 있다. 그리고 아직까지 살면서 크게 낙심해 본 적이 없다.

일전에 세미나가 끝난 후 어떤 사람이 다가와 사람들 앞에서 말할 때 어떻게 그토록 편안해 보이느냐고 물었다. 나는 "다음에 해야 할 말에 대해 걱정하지 않는 데다, 프레젠테이션을 빈틈없이 준비해 옵니다. 또 많은 사람들 앞에서 프레젠테이션을 수도 없이 해 봤기 때문에 무대 공포증도 없지요. 무엇보다 저는 제가 하는 일을 사랑합니다."라고 말했다. 바로 정답이다.

1분 후 또 다른 사람은 내가 매우 열성적이고 강렬해 보인다고 말했다. 어떻게 그럴 수 있을까? 나는 같은 강연에서 "편안해 보여요!"라는 말과 "강렬해 보여요!"라는 상반된 평가를 동시에 받았다.

나는 잠시 지난 몇 년 동안 내가 했던 수천 번의 세일즈와 세일즈의 발판이 되는 퍼포먼스에 대해서 생각해 보고 그 이유를 알 수 있었다.

나는 항상 준비가 되어 있었다. 그래서 항상 마음이 편했다. 또 내가 그 자리에 있는 이유와 내가 원하는 것을 명확히 알고 있었다.

나는 '강렬해' 보인다는 평에 대해 "제 메시지를 확실히 전달하기 위해 온 열정을 다 쏟아붓기 때문입니다. 그리고 제 말을 100퍼센트의 강렬함만으로 채우지 않습니다. 반은 강렬하게 또 반은 편안한 마음으로 합니다."라고 대답할 수 있었다. 물론 내가 생각하기에 그렇다는 것이다. 그리고 어떤 때는 60퍼센트와 40퍼센트 비율일 때도 있다. 중요한 것은 항상 강렬함과 편안함 모두를 갖추고 있다는 것이다.

"무엇보다 진실해야 합니다. 설사 당신이 그런 척하고 있더라도 말입니다."

나의 대답이 당신의 프레젠테이션을 더 효과적이고 구매하는 분위기로 만드는 데 도움이 될 것이다.

편안함은 하나의 방법이다.

강렬함이란 사람들을 도울 수 있는 당신의 능력과 당신이 그곳에 있는 목적인 세일즈, 경쟁, 그리고 당신의 의지대로 관철하는 것에 집중하는 것이다.

강렬함과 편안함을 동시에 갖추기는 불가능하다고 생각할 수 있다. 그러나 생각해 보라. 만약 당신이 준비가 잘되어 있다면, 당신의 마음은 편안해질 것이다. 마음이 편안하면 목표에 집중하는 데 도움이 되고, 이로써 당신은 자신감을 갖고 목표에 집중할 수 있다. 이 모든 것에는 '준비'가 있어야 한다. 준비를 잘함으로써 긴장을 사라지게 하고 자신감을 가질 수 있다. 바로 이길 준비를 하는 것이다. 당신은 이제 세일즈 성사를 '희망'하는 것이 아니라 '추진'하면 되는 것이다.

긴장하는 사람들은 준비가 제대로 안 된 사람들이다. 아니면 실패의 공포를 성공에 대한 기대감으로 바꾸는 데 실패한 사람들이다. 만반의 준비가 된 사람들은 긴장감을 집중된 에너지로, 즉 강렬함으로 바꿀 수 있다.

편안해지는 비결

1. 나는 그룹을 상대로 강연을 할 때, 항상 만반의 준비를 한 다음 시

작한다. **강연을 시작하기 전에 사람들과 어울리면서 얼굴에 미소를 띤다. 그리고 많은 사람들에게 악수를 건넨다.** 참석자가 500명이라고 하면 그중 100명에게 미소를 지으며 인사말과 함께 악수를 건넨다. 당신은 프레젠테이션을 시작하기 전에 무엇을 하는가?

2. 그룹 프레젠테이션 또는 일대일 프레젠테이션에서 정말 중요한 법칙을 소개하자면, **친구로 만들기 전에 시작해서는 안 된다는 것이다.** 친구들과 대화할 때는 스트레스를 받지 않는다. 특별한 대화의 기술이 없어도 이야기가 잘 통한다. 친구를 만들기 위해서 첫 번째로 무엇을 할 것인가?

3. **편안한 분위기에서는 메시지가 잘 전달된다.** 편안한 분위기에서는 세일즈라기보다 대화처럼 느껴진다. 당신이 편안해 하면 분위기도 편안해진다.

강렬해지는 비결

1. 세일즈 프레젠테이션에 나갈 때는 정신적으로 단단히 무장을 하고 가야 한다. **당신의 열정, 자신에 대한 믿음, 회사와 상품에 대한 믿음, 그리고 예전의 성공 경험으로 무장하라.** 또 어떤 질문에도 당황하거나 자신감을 잃지 않도록 준비하라. 당신은 정신적 세일즈 도구를 얼마나 잘 갈고 닦아서 나가는가?

2. 효과적으로 메시지를 전달하기 위해 열중하는 당신의 모습과 신뢰감은 사람들의 마음에 와 닿는 메시지를 만든다. 편안한 분위기에서 이렇게 할 수 있다면 이것이 바로 조화이다. 당신의 메시지는 얼마만큼 사람들의 마음에 와 닿는가?

3. 준비를 충분히 했다면 **자신에 대한 믿음과 자신감을 갖고 고객의 구매 결정을 돕는 데 집중하라.** 이제 당신은 강렬하면서도 편안하게 세일즈를 할 수 있다.

세일즈가 사실 얼마나 단순한 것인지 알면 알수록 감탄하게 된다. 흔히들 세일즈에는 일정한 '체계'가 있다고 생각하기 때문에 복잡하게 느껴지는 것이다. 이런 세일즈 '체계'라는 것을 일주일 동안 배우고 나면 세일즈는 더 복잡해진다. 이 '체계'를 당신의 세일즈 프레젠테이션에 적용하고 기기에만 신경을 쓰면, 진짜 중요한 것을 잃어버리게 된다.

나의 세일즈 방법은 정말 간단하다. 철저히 준비한다. 친구를 만든다. 세일즈하려는 상품에 대해 완벽히 안다. 성취해야 할 목표를 안다. 마음을 편안히 유지한다. 그리고 이 과정을 반복한다

열정과 자신에 대한 신념을 갖고

친근한 태도로 다가가면

당신의 프레젠테이션은

긍정적으로 받아들여진다.

-제프리 지토머

누구의
잘못인가?

세일즈가 성사되지 않았을 때 당신은 고객을 원망하는가? 고객과 약속을 잡지 못한 원인을 고객의 탓으로 돌리는가? 아니면 상품을 구매하지 않은 고객을 탓하는가? 그것도 아니면 가격을 탓하는가?

지난 25년 동안 세일즈, 강연 활동, 그리고 컨설팅 분야에 종사하면서 변치 않는 사실을 발견할 수 있었다.
"세일즈가 성사되지 않은 것은 제 탓입니다.", "고객과의 약속을 잡지 못한 것은 제 잘못입니다."라고 말하는 세일즈맨은 없다는 것이다.

"하지만 제프리, 당신이 잘 몰라서 하는 말이에요. 제가 처한 상황은 남들과 달라요."라고 말한다면, 그것도 말이 안 된다. 당신의 상황이 다른 사람들과 다르다고 말하는 것은 책임을 전가한다는 뜻이다.

잠재 고객이 당신에게 아래와 같은 말을 한다면……

"왜 지난 2주일 동안 연락을 다시 주지 않으셨나요?"

"그 일에 대해 생각해 볼 기회가 없었어요. 3일 후에 다시 연락 주세요!"

"제 동료와 의논해서 다시 결정해야 해요."

"아직 구매 여부를 결정하지 못했어요."

그들 잘못이 아니라 바로 당신 탓이다.

"아직 결정하지 못했어요."라는 말을 들으면 당신의 책임으로 받아들여라. 그리고 잠재 고객이 아직 결정하지 못하는 이유를 알아낼 수 있는 질문들을 던져라. 고객이 정확히 "No!"라고 말한 것은 아니므로 기회는 아직 있는 것이다.

사람들은 항상 자신의 일, 자신의 이익이 우선이다. 당신도 당신의 일과 당신의 이익을 우선할 것이다. 따라서 잠재 고객들은 자신에게 도움이 되는 일이 아니라고 생각하면 당신의 일에 신경 쓰지 않는다. 섭섭하게 늘리셨시만 사실이다.

잠재 고객이 "목요일 1시 정도에 연락 드릴게요."라고 말한다면, 이날이 세일즈맨에게는 최종 기한이다. 하지만 고객 자신에게는 이 시간 약속이 별 의미가 없다. 이를 알게 되었을 때는 세일즈 실패에 대한 책임을 받아들여야 한다.

그리고 다음번에 팔로우업을 할 때는 잠재 고객이 자신이 한 말을 지키도록 훨씬 적극적인 태도를 취해야 한다. 고객이 화요일까지 결정하겠다고 한다면, "제가 수요일 오후 1시 정도에 들러도 될까요? 긍정적인 답변을 직접 듣고 싶습니다."라고 말하라.

세일즈를 성사시키려고 몇 번 시도하면서 당신은 잃을 것이 별로 없다는 것을 알게 된다. 고객에게 직접적으로 구매 여부를 물어볼 수도 있다. 거래 성사를 위해 고객에게 계속 선물을 증정하거나 식사를 대접할 수는 없다.

만일 당신의 잠재 고객이 직접 거절하지 못하는 성격이라면 어떻게 해야 할까? 직접적으로 이야기를 하고 그들의 이유를 받아들여야 한다.

"다른 한편으로 당신이 잘못 알고 있는 것이 무엇인지 알아야 합니다."

결정을 미루는 이유를 알아낼 수 있도록 질문하라.

진짜 거절하는 이유를 알기 위해서는 기꺼이 위험을 무릅쓸 각오도 해야 한다. 어차피 세일즈가 성사될 것 같지 않으면 과감해질 필요도 있다. 더 많은 노력을 쏟아붓거나 아예 포기하거나 당신에게는 경험이 될 것이다. 그리고 얼마나 진실에 도달할 수 있는지 지켜보아야 한다.

진실을 알게 되면 아픈 법이다. 아래 6개 사항을 확인해 볼 마음의 준비는 되어 있는가?

1. 고객이 필요성을 느끼게 만들지 못했다.

2. 실제 거절 사유를 찾아내지 못했다.

3. 절박하게 느끼도록 만들지 못했다.

4. 잠재 고객이 상품 구매로 얻게 되는 이익을 확신하지 못했다.

5. 신뢰감을 심어 주지 못했다.

6. 자신감이 충분하지 못했다.

해야 할 것과 하지 말 것

- 고객의 탓으로 돌리지 말 것

- 고객의 변명에 투덜대지 말 것

- 실제 거절 이유를 알아낼 것

- 거절 이유에 대한 해결책을 찾아낼 것

- 세일즈 성사를 위해 난관 극복에 최선을 다할 것

- 다음번에 그 난관이 재발하지 않게 할 것

책임은 당신에게 있다. 전문가처럼 판매하기 위해서는 판매가 성사되지 않은 책임이 누구에게 있는지 직시해야 한다. 판매를 성사시키지 못했다면 그 과정에서 당신의 책임을 받아들여라. 그리고 다시 용기를 충전하고 다음 잠재 고객에게 도움을 주기 위해 나아가라.

현실을 직시하고 책임을 인정하라. 그러면 다음번에는 당신의 의지대로 세일즈를 관철할 수 있다.

FREE GITBIT

거절 사유를 극복하고 고객으로부터 "다시 생각해 보겠습니다."라는 답변을 들을 수 있는 7가지 단계를 알고 싶은가요? www.gitomer.com에 접속해서 회원 등록을 한 다음 GitBit 박스에 'OBJECTION' 이라고 쳐 보세요.

신뢰 쌓기에
실패했는가?

잠재 고객이 "No!"라고 말했다! 세일즈를 성사시키지 못했는가? 당신은 고객이 구매했어야 한다고 확신한다. 당신은 상처를 보듬고, 거절한 이유를 정당화하거나 알아내려고 할 것이다. 당신이 '나는 과연 열정적이었나? 우호적이었나? 전문가처럼 보였나?'라고 스스로에게 질문할 때, 진실에 가까운 답을 알기 위해서는 조금 더 깊이 생각해야 한다. 지금은 그 진실이 아플지라도 실패한 이유를 알아내면 다음 기회에는 단단한 디딤돌이 되어 줄 것이다.

당신이 생각하느라 고심하는 수고를 덜 수 있도록 답을 공개하겠다.

사실 당신은 잠재 고객의 신뢰를 얻는 데 실패했다. "제프리, 당신이 잘못 생각한 거예요. 그 고객은 저한테 호감은 갖고 있어요."라고 반박할 수도 있다. 그럴지도 모른다. 그러나 세일즈에서 호감은 반드시 필요한 요소 중 하나에 불과할 뿐이다!

다른 사람들이 당신을 얼마나 신뢰하는지 객관적으로 알고 싶다면, 이 셀프 테스트로 당신에 대한 신뢰도를 확인해 보자. 15개의 질문이 제시되는데, 각각의 질문에 1~10점 사이의 점수를 주면 된다. 최악은 1점, 최고는 10점이다.

________ **1. 제시간에 도착했는가?**

혹시 내가 5분 일찍(바람직함), 또는 5분 늦게(금물) 도착하지는 않았나?

________ **2. 준비는 잘되어 있었나?**

세일즈에 필요한 것을 다 갖추고 약속 장소에 갔는가?

________ **3. 잘 운영했는가?**

세일즈에 필요한 것을 다루는 데 익숙했는가? 실수하지는 않았나?

________ **4. 상품의 궁금한 사항에 대해 다 대답했는가?**

상품에 대해 잘 알고 있었고, 고객의 궁금증을 제대로 해소시켰는가?
끊임없이 나중에 알려 드리겠다고 말하면서 쩔쩔매지는 않았나?

________ **5. 변명을 하거나 다른 요인을 탓했나?**

샘플이 제때 선적이 안 됐다거나 회사에서 최신 정보를 전달받지 못했다고 말하지는 않았나?

________ **6. 사과만 하다가 나오지는 않았나?**

"늦어서 죄송합니다." "미처 준비가 안 되어서요." "대답을 바로 못 드려서 죄송합니다.” “최신 정보를 알려 드리지 못해서 미안합니다.” “가격이 잘못 쓰였네요. 어쩌지요.” 등등.

———— 7. 잠재 고객이 회사의 비공식적인 정보에 대해 물어봤는가?

“구매를 할 경우 6개월 후에도 당신이 상품이나 서비스를 제공해 준다는 것을 어떻게 알 수 있죠?”

———— 8. 잠재 고객이 상품을 의심하는 질문을 했는가?

“보증 기간이 끝난 후에 고장이 나면 어떻게 하지요?”
“다른 곳에서 이 상품을 구입할 수 있나요?”

———— 9. 잠재 고객이 나를 의심하는 질문을 했는가?

“이 회사에서 얼마 동안 일하셨나요?” “경력이 얼마나 되지요?”

“35년 동안 고객으로 모시려 노력했지요.
천국에서 다시 뵙게 됐으니 영원히 노력하겠습니다.”

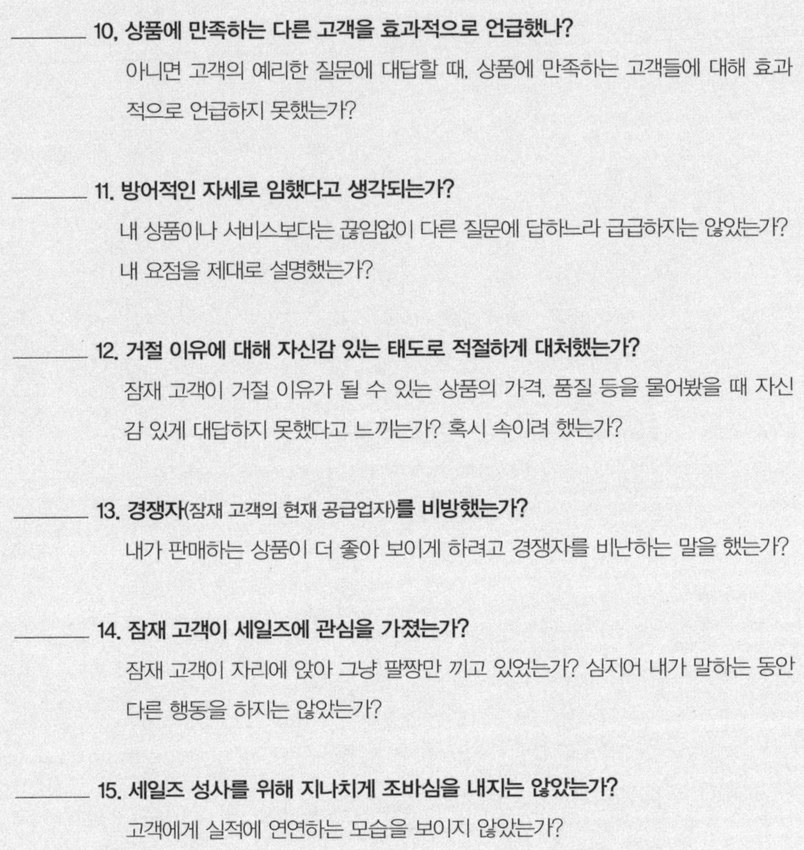

________ 10. 상품에 만족하는 다른 고객을 효과적으로 언급했나?

아니면 고객의 예리한 질문에 대답할 때, 상품에 만족하는 고객들에 대해 효과적으로 언급하지 못했는가?

________ 11. 방어적인 자세로 임했다고 생각되는가?

내 상품이나 서비스보다는 끊임없이 다른 질문에 답하느라 급급하지는 않았는가? 내 요점을 제대로 설명했는가?

________ 12. 거절 이유에 대해 자신감 있는 태도로 적절하게 대처했는가?

잠재 고객이 거절 이유가 될 수 있는 상품의 가격, 품질 등을 물어봤을 때 자신감 있게 대답하지 못했다고 느끼는가? 혹시 속이려 했는가?

________ 13. 경쟁자(잠재 고객의 현재 공급업자)를 비방했는가?

내가 판매하는 상품이 더 좋아 보이게 하려고 경쟁자를 비난하는 말을 했는가?

________ 14. 잠재 고객이 세일즈에 관심을 가졌는가?

잠재 고객이 자리에 앉아 그냥 팔짱만 끼고 있었는가? 심지어 내가 말하는 동안 다른 행동을 하지는 않았는가?

________ 15. 세일즈 성사를 위해 지나치게 조바심을 내지는 않았는가?

고객에게 실적에 연연하는 모습을 보이지 않았는가?

어려운 질문들이다. 그러나 나는 스스로에게 이런 질문들을 해 본다. 왜냐하면 '신뢰'는 쌓기도 힘들고 관계를 맺는 초반에 너무 쉽게 무너질 수 있기 때문이다. 위의 질문들로 당신의 세일즈 퍼포먼스를 평가할 수 있다. 또는 바로 "No!"라고 말하는 고객에게 신뢰감을 심어 주는 당신의 능력(혹은 무능력)도 알 수 있다. 위의 질문들에 답을 하다 보면 당신에 대해 더 잘 알게 된다. 그래서 다음번에는 철저한 준비로 당당히 세일즈를 하게 될 것이다.

세일즈에서 중요한 교훈 중 하나는 이것이다. 고객이 기본적으로 당신에게 호감을 갖고 있고, 당신을 믿고, 당신을 신뢰하며, 당신에게 확신을 갖고 있다면, 당신에게 구매할 '가능성'이 있다. 그러나 이 네 가지 중에서 어느 하나라도 결여되어 있으면, 세일즈는 성사되기 힘들다.

고객이 "No!"라고 할 때는 당신을 신뢰하지 않았을 가능성이 크다.

거절당해도
괜찮다

모든 세일즈 중에서 첫 번째 시도는 97 퍼센트가 실패한다. 잠재 고객으로부터 "Yes!"라는 말을 듣기까지는 5~10회 정도 거절당한다. 잠재 고객이 매번 "No!"라고 말하지는 않는다. 그러나 당신이 다시 방문하거나 연락할 때마다 "지금은 필요 없어요.", "다른 것은 없나요?", "좀 더 봐야 할 거 같아요.", "아직 동료랑 상의해 보지 않았거든요.", "나중에 다시 들러 주세요!"라고 말하면 구매하지 않을 것이다.

사실 이들은 이렇게 말하는 것이다. "아직 당신에게서 구매하고 싶지 않아요."

당신이 전문 세일즈맨이라면 포기하지 않고 고객과 계속 연락하기 위해 필요한 것들을 갖춰야 한다. 창의적이고 가치 지향적인 노력으로 고객의 마음을 열 수 있도록 해야 한다. 아니면 만족스럽지 않은 월급을 받으면서 허드렛일을 하거나.

팔로우업을 할 때 성공으로 이어지는 가이드라인

- 잠재 고객이 상품을 원하고 필요로 하는 진짜 이유를 파악하라.

- 잠재 고객이 당신의 상품을 원하거나 필요로 하지 않는 이유를 파악하라.

- 친근하게 행동하라. 사람들은 친구에게서 구매하고자 한다.

- 잠재 고객이 관심을 가질 만한 상품이 어떤 것인지 파악하라. 그런 다음 방문 계획을 세우고 준비하라.

- 고객들이 당신의 상품을 어떻게 활용할 수 있는지 알게 한다. 당신의 상품을 구매함으로써 잠재 고객의 생산성이 어떻게 향상되고, 수익을 증대시킬 수 있는지 알게 한다.

- 고객을 방문하거나 연락할 때마다 새로운 정보를 제공하라.

- 당신의 실적보다는 고객에게 도움을 주는 것이 먼저라고 생각하라.

- 직접적으로 말하라. 돌려서 말하면 고객이 이해하기 힘들어지고, 아마 다른 곳에서 물건을 구입할 것이다. 모든 질문에 성실하고 완벽하게 답하고 아첨하지 마라.

- 유머를 사용하라. 사람들은 웃는 것을 좋아하므로 재미있어야 한다. 고객을 웃게 하는 것은 연관성을 만들고 관계를 형성할 수 있는 최고의 방법이다.

- 잠재 고객이 의심할 때는 당신의 입장이 아닌 잠재 고객의 관점에서 이유를 설명하라.

- 구매 권유를 두려워하지 마라.

지침 사항!

차별화된 점이 없다면 세일즈를 성사시킬 수 없다.

당신만의 가치가 없으면 세일즈를 성사시킬 수 없다.

고객이 부재 시에 전화했었는데, 메시지를 남기지 않았다면? 특별히 말할 만한 정보가 없었기 때문이다.

잠재 고객에게 팔로우업을 취하기 위한 공식이 있다면, **그들의 이유 + 새로운 정보 + 차이점 + 가치 + 고객의 이익 + 생산성 + 창의성 + 진실성 + 직접성 + 친근감 + 유머 + 부탁 = 세일즈 성사**로 이어질 것이다.

그러나 누구에게나 항상 딱 들어맞는 공식은 없다. 잠재 고객에게 팔로우업을 할 때의 상황이 제각기 다르기 때문이다. 앞에서 제시한 지침들에서 각 상황에 맞는 요소들을 선택해야 한다.

또한 대화를 어떻게 시작할지 막막하게 느낀다면 당신을 도와줄 수 있는 사례가 있다.

- 고객님이 결정을 내리는 데 도움이 될 것이라고 생각되는 것이 있습니다.
- 고객님과 비슷한 상황에 있었던 다른 고객에게서 받은 이메일 내용을 보내 드리겠습니다.
- 고객님이 관심을 가질 만한 새로운 정보가 있습니다.
- 고객님이 ○○○에 대해 해결하셨는지 궁금해서 전화 드렸습니다.

이렇게 말하지 마라

"제가 보내 드린 제안서(편지, 정보 또는 샘플)를 받아 보셨는지 궁금해서 연락 드렸습니다."

연락한 이유가 빈약하다. 게다가 잠재 고객이 빠져나갈 수 있는 길을 만들어 주는 것이다. 잠재 고객이 당신과 대화하고 싶지 않다면, "아니요! 받은 적 없는데요!"라고 말하면 그만이다. 당신은 그다음으로 무슨 말을 하겠는가? 아무것도 없다.

이렇게 말하라

"며칠 전에 ○○○을 보내 드렸는데, 설명이 필요한 것이어서 직접 알려 드리려고요."

어떤 세일즈맨들은 자주 전화하면 잠재 고객이 '귀찮게' 생각할까 봐 걱정한다. 만일 그런 생각을 하고 있다면 다음의 이유 때문이다.

첫째, 고객과 아직 충분한 유대 관계를 형성하지 못했고, 접근할 수 있는 방법이 한정되어 있다.
둘째, 필로우업이 고객의 가치를 돕는 것이 아니라 판매(돈)에만 관심 있다.
셋째, 당신의 회사와 상품, 그리고 당신 자신에 대한 믿음이 부족하다.

당신이 고객에게 세 번 이상 전화를 했는데도 고객한테서 회신이 없다면, 고객에게 준비가 안 된 질문을 하거나 대답을 강요하다시피 한 것이다(애초부터 당신은 고객이 하는 말을 제대로 듣지 않았거나, 당신의 이번 달 세일즈 할당량에만 신경 썼다). 당신이 진실되어 보이지 않게 행동했거나 너무 빨리, 혹은 자주 부담을 주었을 수도 있다. 잠재 고객이나 그의 직원에게 어떤 식으로든 무례하게 굴었을 수도 있다. 그렇다면 잠재 고객은 당신을 귀찮아할 것이다.

당신이 새롭고 창의적이고 재미있는 정보를 제공하려고 노력하고 간략하게 요점만 말해서 잠재 고객이 상품과 서비스에 관심을 보이고, 당신에게 호감을 보이고, 당신을 필요한 사람으로 느꼈다면 잠재 고객에게 당신은 귀찮은 존재가 아니다.
당신이 팔로우업을 할 때 창의적이고 도움이 되며 진실된 모습을 보이면, 잠재 고객은 당신을 성가신 세일즈맨으로 여기지 않을 것이다.

팔로우업은 세일즈의 다른 이름이다. 팔로우업을 하는 당신의 방법이 세일즈 성사 여부를 결정한다. 성공한 전문 세일즈맨에게 세일즈 성공 비결을 물어보라.
그들은 "인내"라고 답할 것이다.

당신은 얼마나 허풍쟁이인가?

당신의 의지대로 관철하기 위해서는 자신감이 필요하다. 그러나 자신감 있는 태도와 건방진 태도를 혼동해서는 안 된다. 자기 확신과 거만함을 혼동해서도 안 된다.

하지만 조심해야 할 것은 자부심과 자기중심적인 태도이다. 전문 세일즈맨으로서 "할 수 있다"고 끊임없이 자신에게 말하는 사람(올바른 방법)과 부주의한 말실수를 하는 사람(최악의 방법) 사이에는 경력의 차이가 있다.

세일즈 분야는 전문 분야 중에서 가장 사랑받지 못하는 분야이다. 정치인, 회계사, 변호사보다는 좋게 여겨지지만, 악덕 치과 의사나 거리의 떠돌이 개장수보다 못하다. 모든 세일즈맨들의 희망은 좋은 평판을 얻어서 성공하는 것뿐이다.

잠재 고객들은 당신에 대해 먼저 판단한 다음에 구매하기 때문에 평판은 세일즈맨에게 가장 중요한 요소이다. 당신에 대한 평판은 어떤가?

나쁜 사건이나 이야기가 퍼지기 시작하면 그동안 당신이 힘들게 쌓은 경력을 손상시킨다. 나쁜 이야기가 계속되는데 그것을 무시하고 현실과 맞지 않는 약속을 한다면 이제까지의 경력을 망칠 수 있다. 세일즈맨의 자신에 대한 기만(문제를 인정하지 않는 것)은 상황을 더 악화시킨다.

세일즈를 하다 어느 순간에 허풍을 떨게 될 수도 있다. 고객, 잠재 고객, 상사, 그리고 직장 동료들 모두 당신 허풍의 희생자가 될 수 있다.

"제프리, 어서요.", "본론이 뭐예요? 자기 무덤을 파는 대화의 예가 궁금해요.", "'세일즈 허풍'이 뭔가요?"라고 묻고 싶은가?

자, 그렇다면 풍선 바람을 뺄 준비를 하라. 허풍의 8개 예가 있다. (물론 당신이 이 중 어느 경우에도 해당되지 않는다고 생각한다.)

1. BTNA(Big talk, no action)

말만 앞서고 행동은 안 한다. 세일즈를 할 때 이야기만 너무 오래하느라 정작 세일즈를 할 시간은 없다.

2. 너무 빠른 칭찬

계약서에 잉크가 마르기도 전에, 또는 계약금도 받기 전에.

3. 너무 많은 자기 자랑

당신 말고는 아무도 듣고 싶어 하지 않는다. 그런 이야기가 그렇게 들고 싶다면 녹음해서 차 안에서 운전하면서 듣고 또 들어라. 다른 사람들처럼 당신도 지겨워질 때까지.

4. 다른 사람을 비하하면서 자랑하기

경쟁자를 이겨라. 그러나 그들을 짓밟아서는 안 된다. 당신이 이용하거나 속인 사람을 말하면서 당신 자랑을 하거나 바보로 만들지 마라.

5. 위기에서 벗어나려고 다른 사람을 희생양으로 이용하기

당신의 실패를 다른 사람 탓으로 돌리면 구차한 변명으로 들려 당신만 우스워 보인다.

6. 사실 과장하기

사실을 과장하는 것보다 차라리 자신의 상황을 과소평가하는 것이 낫다.

7. 진실되지 않은 말

"솔직히", "정말로", "사실상", "진심입니다."와 같은 말들은 신뢰를 떨어뜨린다.

8. 너무 많은 말

떠나야 할 때를 알아야 한다. 세일즈가 절정에 달한 후 위에 언급된 행동을 하면 세일즈 성사는 틀렸다고 봐야 한다. 구매 취소는 실제로 자주 일어난다. 세일즈에서는 과한 것보다 부족한 게 더 낫다.

- 모든 사람들의 시간을 낭비한다.

- 당신의 시간을 가장 비생산적이고 부정적으로 사용한다.

- 당신을 바보처럼 보이게 한다.

- 사람들이 당신을 덜 존경하게 된다.

- 사람들이 당신에 대해 안 좋은 말을 한다.

- 발전이 없다.

- 해고될 수 있다.

이와 같은 일이 일어나기를 바라는 사람이 있을까? 아무도 없다. 그러나 허풍을 치는 사람들에게는 이런 부작용들이 반드시 일어난다. 필연적이다.

자신이 이런 허풍쟁이인지 어떻게 알까? 자신이 허풍을 떨고 있는지 어떻게 느낄 수 있을까? 하지만 허풍을 떨면서 속이 뜨끔하지 않은 사람이 있을까?

당신의 가장 강력한 경쟁자의 코앞에서 그의 중요한 고객과 거래에 성공한다면, 물론 자랑하지 않을 수 없을 것이다.

허풍쟁이로 보이지 않는 간단한 비결

- 얼굴을 맞대고 직접 할 수 없는 말은 그 사람 뒤에서도 하지 않는다.

- 당신이 듣고 싶지 않은 말은 남한테도 하지 않는다.

- 나중에 후회할 말은 하지 않는다. 거짓말은 탄로 나기 마련이다.

- 당신의 어머니 앞에서 할 수 없는 말이라면 다른 사람한테도 하지 않는다.

비결은 겸손하고 온화하게 말하는 것이다.

힘들겠지만 당신이 이렇게 하는 말들은 당신의 덕을 쌓아 줄 것이다. 당신이 노력할 일은 허풍 떨지 않기 위해 자기 단련을 하는 것이다. 자기 단련을 할 것인가, 아니면 스스로의 무덤을 팔 것인가. 당신 의지대로 관철하고 싶다면 당신의 말에서 허풍과 자랑은 빼 버려라.

무료 스피치,
본인에게 남기는 유산

일주일에 50명의 인맥을 만들고 싶은가? 비결은 시민 단체에서 무료 연설을 하는 것이다.

세일즈맨들은 많은 사람을 만나고, 아주 열성적으로 브로슈어와 우편물과 환영받지 못할 전화와 네트워킹을 통해 자신을 '판매'한다. 하지만 노력한 성과도 없이 좌절감만 되돌아오기 일쑤다.

자신을 팔 수 있는 가장 좋은 방법은 당신 자신을 시장에 내놓는 것이다. 자신을 잠재 고객에게 노출시켜라.

나의 충고는 무료로 연설하라는 것이다. 더 명확히 말하자면 아무 대가 없이 스피치를 하라는 것이다. 대가 없이 하는 스피치는 오히려 돌려받는 것이 더 많다. 아니 무척 많다. 그리고 무료 연설을 하다 보면 보람이 무척 크다.

잠깐! 나는 지금 '구매 권유'가 아닌 '스피치'를 말하고 있다.

시민 단체에서 15분에서 20분 정도 무료로 연설을 함으로써 당신은 많은 것을 얻는다.

- 상품이나 서비스가 아니라 당신 자신을 판매하기 위해 라이브로 세일즈 퍼포먼스를 하는 것이다.

- 당신은 청중 앞에서 연설한다. 의사 결정자 바로 앞에서 한다.

- 당신의 네트워크를 만들거나 키울 수 있다.

- 당신의 존재감을 키울 수 있다.

- 지역사회에 공헌할 수 있다.

- 스피치 기술, 퍼포먼스 기술, 그리고 이야기하는 기술을 향상시킬 수 있다.

- 새로운 자료들을 접해 볼 수 있다.

- 새로운 소비자(인맥)를 모을 수 있다.

- 막 일을 시작했다면 성장하고 승진하는 기회를 잡게 될 것이다.

- 도움이 되는 지식을 청중에게 전달한다.

- 당신의 스피치로 다른 사람이 도움을 받는다.

- 무료로 식사 대접을 받는다.

이와 같은 '보상'을 받기 위해서는 '당신이 잘 해낸다면'이라는 전제가 있어야 한다고 생각할 수도 있다. 당신이 하기 나름이다. 어쨌든 내가 강조하는 바는 전달됐으리라 생각한다.

최고의 접근 전략을 알고 싶은가?

1. 판촉 선전을 하면 안 된다. 다른 주제를 정해라.

당신이 방범 경보기를 판매한다면, 집 보안에 대한 주제로 말하는 것이 좋다. 복사기를 판매한다면 이미지와 사무실 생산성이 좋은 주제가 될 것이다. 감이 잡히는가?

2. 청중을 잘 선택하라. 다양한 청중이 있다.

그중 최고의 그룹(유명 인사, 중요 인물이 있을 것 같은 그룹)을 골라라.

3. 유인물을 준비하라.

몇 장 안 되더라도 유인물은 청중이 당신의 말을 이해하는 데 도움을 준다. 또한 유인물이 있으면 당신이 말할 내용을 외울 필요가 없고, 청중이 당신에게 연락할 기회를 준다.

주의할 것은 미리 나눠 주면 안 된다는 것. 유인물이 필요한 시점에 나눠 주어야 한다. 스피치 전에 유인물을 받으면, 사람들은 당신이 하는 말과 다른 내용을 읽거나, 당신이 하는 말에는 전혀 신경을 쓰지 않을 수도 있다.

4. 녹화하라.

집에 와서 녹화한 것을 보면서 당신이 생각했던 모습과 당신의 실제 모습을 비교해 보라.

5. 청중에게 평가를 부탁하라.

좋았던 점들에 대해서 물어보라. 그들에게 가장 좋았던 부분, 진솔하게 여겨졌던 부분을 물어보라.

6. 가치를 공유하고 인맥을 만들어라.

스피치가 끝날 무렵 가치 있는 것을 제공하고 사람들의 명함을 받아라. 당신이 받은 명함들은 곧 당신의 인맥이다.

7. 모임 후 사람들과 어울려라.

이때 당신의 스피치로 영향을 끼친 사람이 있는지, 누가 당신의 최고의 잠재 고객이 될 수 있는지 알아본다.

비결을 하나 말하자면, 모임에서 세일즈를 하려고 해서는 안 된다. 점심 약속이나 오전 약속을 잡고 구매 권유나 당신 회사에 대한 자랑은 절대로 하지 마라.

사실, 내가 강연료를 받고 강연을 시작하게 된 계기가 있다. 나는 일주일에 한 번씩 토론 클럽의 소식지에 칼럼을 기고하고 있었기 때문에 자연스럽게 강연 부탁을 받았다. 강연 주제로 고심하던 나는 전문 분야인 세일즈가 아니라 내가 좋아하는 주제인 아이들에 대해 말하기로 했다. 그리고 강연의 주제는 '아이들로부터 배우는 것'으로 정했다.

나는 아이들을 키우면서 아이들에게서 배운 것들, 상상력이나 인내심, 맹목적인 신념과 열정, 또 이와 관련된 작은 에피소드를 이야기했다. 나의 이 진솔한 이야기가 펼쳐지는 20분 동안 나는 청중을 웃기고, 울리고, 생각하고, 느끼게 했다.

그리고 나는 유인물을 준비해서 나에게 명함을 준 사람들에게 내가 알고 있는 최고의 부모가 되는 7가지 법칙을 무료로 보내 주었다. 그 후 나는 강연이 끝날 때마다 최소 50개의 명함을 받았고, 참석자로부터 "우리 회사에서 한 번 강연해 주지 않으시겠습니까?"라는 유료 강연 제안을 받게 되었다.

나는 늘 20분 정도의 무료 스피치에 대한 보상으로 생생한 오디션 기회를 포함해 100명의 의사 결정자 앞에서 세일즈를 하고, 새로운 친구를 얻고, 독학 레슨과 연습 기회를 얻고, 무료 점심 식사와 펜(무료 강연에 대

"악수를 6분 동안이나 하고, 말 한 번 할 때 내 이름을 열아홉 번 부르고, 저의 코 후비는 행동까지 신경 쓰는 걸 보니, 당신은 나한테 뭔가를 팔러 오셨군요."

한 소정의 선물)을 받았다. 그리고 감사패와 더불어 50명의 인맥, 그리고 유료 스피치 한 건까지 얻었다.

보너스 팁

어떤 모임이건 당신과 모임의 이름으로 좋아하는 자선 단체에 기부하도록 하라. 모임에서 기꺼이 당신에게 강연료를 줄 것이다. 괜찮은 아이디어라는 생각이 드는가? 그렇다면 근처의 시민 단체에 알아보라. 그들은 항상 강연자를 필요로 하기 때문에 환영할 것이다. 무작위 고객에게 전화를 걸어 세일즈를 하면서 받는 냉담한 반응보다 훨씬 낫다.

FREE GITBIT

당신의 일을 믿지 않고 사랑하지도 않는 것은, 그 이유를 아직 발견하지 못했기 때문이에요. 이유를 알고 싶다면 www.gitomer.com에 접속해서 회원 등록을 한 다음 GitBit 박스에 'MY WHY'라고 쳐 보세요.

당신이 누구이며, 당신의 경력이 어떤지는 상관없다.

무료 스피치를 통해 당신의 배움과 수입에

영향을 줄 수 있다는 것만 알라.

무료 스피치는 단지 좋은 일을 하는 것이 아니라 기회이다.

당신의 기회를 연습하라!

-제프리 지토머

같은 상품을 판매하거나 같은 회사에서 일을 하더라도 매번 세일즈 프레젠테이션이 같을 수는 없다. 당신이 판매하는 상품이 18개의 바퀴가 달린 트럭일지라도 프레젠테이션을 하는 과정은 섬세해야 한다. 당신이 종이 클립을 판매한다고 해도 고객의 기억에 남을 프레젠테이션을 하는 것은 복잡하고 어려운 일이다. 세일즈는 당신이 하는 말, 태도, 그리고 당신에 대한 평가에 달려 있다.

다들 자신만의 세일즈 방식이 있다. 그러나 프레젠테이션에 담아야 할 내용과 진행 과정의 요소들은 같아야 한다. 이 요소들을 완전히 익힌 후에 당신의 스타일로 응용해서 활용하라. 이 요소들은 당신이 프레젠테이션에서 무엇을 말해야 하고, 어떻게 말해야 하는지에 관한 것들이다.

1. 바로 목적을 밝힌다. "오늘 제가 찾아 뵌 이유는 ……입니다."라고 말하면서 가능한 명료하게 말하라. 잠재 고객은 당신이 자신의 사무실에 온 이유를 알고 싶어 한다. 빨리 말할수록 분위기는 냉료해지고 편해진다. 당신의 방문 목적을 명확히 한 후에는 사담을 나누거나 개인적인 친분 관계를 쌓을 수 있다.

2. 당신이 잠재 고객을 어떻게 도울 수 있는지 말하라. 지루한 상품 설명으로 시간을 낭비해서는 안 된다. 당신의 상품이나 서비스가 어떻게 잠재 고객의 문제를 해결하는지, 또 당신의 상품이나 서비스가 잠재 고객에게 어떻게 쓰일 수 있는지 설명하라. 사람들은 자신에게 피해를 주지 않는 한 당신이 무엇을 하든 신경 쓰지 않는다. 처음부터 "판매하러 왔습니다."가 아니라 "도움을 드리려고 왔습니다."라는 당당한 태도를 보여야 한다.

3. 가장 행복하고 긍정적이고 열정적인 표정을 지어라. 행복과 열정은 전염된다. 그리고 매력적이다. 분위기가 좋으면 자연스럽게 구매하는 분위기가 된다. 고객을 도와주고 싶다는 당신의 열망이 강하게 빛나게 하라.

4. 일을 시작하기 전에 친근해지고 편안해져라. 워밍업 없이 세일즈를 시작하지 마라. 잠재 고객과의 관계를 형성하라. 그렇지 않으면 세일즈 성사는 없다. 잠재 고객이 당신에게 호감을 갖지 않거나 신뢰하지 않으면 당신에게 어떤 것이라도 구매하지 않을 것이다. 잠재 고객의 개인적인 정보에 대해 알아보라. 이 정보를 상품 주문으로 연결시켜라.

5. 자신감과 신뢰성을 구축하라. 사람들은 일을 제대로 하는 사람과 일하고 싶어 한다. 당신을 믿을 수 있게 자신감을 보여라.

6. 강력한 말을 하거나 전문 용어를 사용하라. 판매자인 당신이 상품에 대해 제대로 알고 있다는 확신을 잠재 고객에게 심어 주게 된다. 또한 확신에 찬 말은 물건을 사도 안전하다는 메시지를 전달한다.

7. '우리가 누구인가'가 아니라 '왜 우리가 다른가'를 말하라. 잠재 고객이 복사기를 사려 할 때 복사기는 별반 차이가 없다고 생각할 것이다. 고객에게 당신의 상품을 설명할 때 경쟁사를 예로 들지 마라. 그보다는 '이 분야의 기준에 따르면'이라고 표현하라. 치사해지지 말고 창의적이어야 한다.

8. 나 자신이 아니라 고객의 입장에서 말하라. 언어의 선택은 세일즈의 분위기를 결정한다. 문장의 주어를 '당신(고객)'으로 설정해 고객의 입장을 중요시한다는 것을 보여라. '당신'이 행동의 주체가 되도록 말하면 자동적으로 그렇게 분위기가 설정된다.

9. 생각이 있는 질문을 하라. 적절하게 질문하면서 당신에게 필요한 것과 중요한 정보를 얻고, 고객의 흥미를 유발시키고, 고객의 확신과 신뢰를 읽으면 적정한 가격에서 세일즈를 성사시킬 수 있다. 효과를 극대화하기 위해서 필요한 질문을 미리 생각하고 적어 본다. 질문 있는가?

10. 개인적인 목적과 사업적인 목적을 구분하라. 비즈니스에서뿐만 아니라 사적으로도 고객과 관계를 형성할 수 있는 능력을 키워라. 많은 경우 둘 사이에는 연결 고리가 있다.

11. 당신의 상품이나 서비스 중 예전에 불편했던 점이나 개선된 점을 찾아내라. 이런 점들을 찾아내는 것은 프레젠테이션을 하는 동안에 실제로 필요한 것, 원하는 것, 그리고 걱정되는 부분에 대해 파악하고 준비할 수 있게 해 준다.

12. 당신이 제공하는 것의 가치와 그 가치가 고객에게 어떻게 도움이 되는지에 집중하라. 가격에 대해서는 잊어라. 5분 후면 당신은 새로운 고객을 확보하게 되거나 아무런 성과가 없거나 둘 중 하나이다. 상품의 가치와 생산적인 이용 방법을 보여 주는 데 집중하라.

13. 당신의 상품이 어떻게 잠재 고객의 수익과 생산성 향상에 도움이 되는지 부각시켜라. 이는 잠재 고객에게 상품을 구매하고 싶다는 생각이 들게 한다. 예를 들 때는 당신의 잠재 고객이 이미 물건을 사용하고 있는 것처럼 가정하여 설명하라.

14. 프레젠테이션은 신속하게 진행하되 당신의 메시지가 제대로 전달되도록 하라. 잠재 고객이 알고 있을 거라고 가정하지 마라. 당신에게는 천 번째

프레젠테이션일지라도 당신의 잠재 고객은 이번이 처음이다. 프레젠테이션에서 다루어야 할 것들을 모두 전달하라. 갈수록 사람들의 인내심이 없어지고 있다는 사실도 유념하라.

15. 끊임없이 메모하라. 너무나 당연한 말이다. 하지만 나는 메모하는 세일즈맨이 없다는 사실을 알고 매우 놀랐다. 메모를 한다는 것은 고객에게 "당신이 하는 말을 잘 듣고 있습니다. 그리고 중요하다는 것도 알고 있습니다."라는 인상을 준다. 또한 메모를 하면 팔로우업을 할 때 완벽한 사전 준비를 할 수 있고, 필요한 사항들이 정확하게 전달되도록 도와준다.

16. 잠재 고객을 참여시켜라. 고객이 직접 해 보게 하라. 고객이 빨리 참여할수록 상품에 대한 고객의 이해도와 신뢰감을 쉽게 쌓을 수 있다. 고객이 상품을 만져 보게 하면 상품을 구매해야 할 것 같은 마음이 생기게 된다.

17. 회수하라, 주도권을 잡아라. 잠재 고객이 당신이 남긴 샘플이나 유인물을 읽어 보거나 만지지도 않았다면 잠재 고객에게 돌려 달라고 부탁하라. 잠재 고객이 당신이 나눠 준 샘플이나 브로슈어가 아니라 당신에게 집중하게 하라. 주의! 고객이 회수해 간 샘플이나 브로슈어를 다시 보고 싶어 한다면, 이는 세일즈가 성사될 신호이다.

18. 적절한 순간에 사용자들의 평을 활용하라. 사용자들의 평가야말로 당신이 가진 유일한 증거다. 고객이 의심하거나 거절하고, 미온한 태도를 보이거나 다른 거절 사유가 있을 때 효과적으로 활용할 수 있다.

19. 고객의 이해를 구하기 위해 동의를 얻는 질문을 하라. 고객의 동의를 얻는 질문을 하다 보면 결국에는 고객의 동의를 얻게 된다. "그렇게 생각하지 않으십니까?", "이해되시지요?", 또는 짧막하게 "그렇죠?" 같은 동의를 구하는 질문을 하라. 그러면 자연스럽게 프레젠테이션 동안에 고객의 마음을 긍정으로 설정해 놓게 된다.

20. 당신도 잠재 고객을 평가하라. 당신의 성장과 발전에 도움을 줄 수 있는 사람과 일하고 싶을 것이다. 당신의 두통과 불만의 95퍼센트는 당신의 고객 5퍼센트 때문에 생긴다. 이런 고객들과는 거리를 두거나 거래하지 마라. 하지만 이 두통거리가 세일즈 과정에서 당신이 저지른 잘못 때문에 생긴 것일 수도 있다.

21. 구매 신호를 알아보는 방법을 배워라. 상품의 가격, 배달, 특정한 사양 또는 생산성과 같은 질문들은 구매가 성사될 신호이다. 이때 단순히 "Yes!"나 "No!"라고 대답하지 마라. 거의 성사된 세일즈를 눈앞에서 놓치는 것이다.

22. 발생하기 전에 거절 사유에 대해 미리 대처하라. 나는 당신이 어떤 상품, 어떤 서비스를 제공하는지 관심 없다. 항상 잠재 고객들이 제시하는 10가지 주요 거절 사유가 있다. 현실을 직시하라. 고객과 만나기 전에 거절 사유들을 예상하고 어떻게 해결할지 미리 준비한다.

23. 적절한 시기에 지불을 요청하라. 반값에 팔지 마라. 어떻게 판매할지 언제 요금을 받을지 계획을 세워라. 의외로 많은 세일즈맨들이 상품이나 서비스 대금 요청을 어려워한다. 당당하게 받아라.

24. 세일즈가 성사된다고 가정하라. 고객의 사무실에 들어가는 순간부터 세일즈가 성사된다고 가정하라. 그리고 거래를 완성해 가는 단계를 진행하라. 판매할 상품이 있고, 프레젠테이션만 잘하면 세일즈는 성사된다.

25. 완벽하게 세일즈를 성사시켜라. 세부 사항들을 처리하고 다음 행동으로 넘어가라. 당신이 앞으로 무엇을 할 것인지 명확히 말하고 나서 검토하고, 계약을 진행시키기 위한 다음 약속을 잡아라. 고객이 구매를 결정하고시 상품을 받기 전에 필요한 사항들을 처리하라.

26. 대담해져라. 나는 가끔 사람들을 웃게 만들기 위해서, 고객 사무실 안에서 고객 주위를 어슬렁거리다 그의 빈자리에 앉아 버린다. 그러면 고객은 깜짝 놀라서 나를 쳐다본다. 그리고 대부분은 크게 웃거나 미소를 짓는다. 절대로 화를 내거나 짜증 내지 않는다. 물론 아무한테나 이런 방법을 쓸 수는 없다. 그러나 한 번 시도해 볼 만하다.

27. 매력적인 사람이 되어라. 남다른 프레젠테이션 기술, 상품에 대한 지식, 그리고 고객의 욕구를 충족시키는 능력으로 매력적인 사람이 되어라. 잠재 고객이 당신이 아닌 다른 곳에서 구입하면 일생일대의 큰 실수를 하는 것처럼 생각되게 하라.

28. 모든 사람들과 장기적인 관계 구축에 힘써라. 사람들과 장기적인 관계 유지에 힘쓰면 눈앞의 이익이나 작은 욕심에 연연하지 않게 된다. 장기적인 관점으로 인간관계를 유지하면 그 결과는 '대박'이다.

29. 재미있게 하고 즐겁게 하라. 대부분의 사람들은 즐겁게 일하지 않는다. 그렇기 때문에 당신이 유쾌하고 재미있게 일하면, 당신은 매력적으로 보일 수 있고 많은 장점이 생긴다. '사람들을 웃게 만들면 물건이 팔린다.'라는 말은 언제나 진리이다. 웃음은 항상 통한다.

위의 29개 요소는 당신이 프레젠테이션을 하는 동안 전체적으로 유념해 둬야 할 것들이다. 훌륭한 프레젠테이션을 하려면 위의 모든 요소에 능숙해져야 한다.

프레젠테이션을 간단하게 하는 것은 어려운 일이다. 이는 당신이 제공하는 상품이나 서비스에 대한 사실들을 단순히 나열하는 것과는 다르다. 하지만 상품에 대한 지식을 갖추는 것은 판매 과정에서 가장 쉬운 부분이기도 하다.

고객이 "Yes!"라고 대답하든 "No!"라고 대답하든 세일즈는 항상 이뤄진다.

위 전체 과정을 하나로 정리할 수 있다. 바로 고객의 입장에서 접근하는 것! 이것이 가장 중요하다.

단순히 돈만을 목적으로 세일즈를 할 경우에는 금방 티가 난다. 그런 사람들을 '페니키아인Phoenicians'이라고 부른다. 이 말은 시간이 흐르면서 '사기꾼Phonies'으로 변했다.

돈을 목적으로 하지 마라. 당신이 세일즈에 열정적이기 때문에 하는 것이다. 당신은 이 일을 사랑하기 때문에 하는 것이다.

당신의 뜻을 이루는 글쓰기

그게 아니라
머릿속에 든 게
아무것도
없는 거겠죠.

설득력 있게
글쓰기

다른 사람들이 당신의 글을 읽고 반응을 보일 때 그 글은 설득력이 있는 것이다.

흥미로운 것은 같은 글을 읽어도 사람들이 나타내는 반응은 각기 다를 수 있다는 것이다. 어떤 사람은 "100퍼센트 동감합니다."라고 말하는 반면, 또 어떤 사람은 "100퍼센트 동의할 수 없습니다."라고 말한다. 설득적인 글을 쓰기 위해서는 사람들의 의견을 둘로 나누게 하는 것이 아니라 생각해 보게 만들어야 한다.

예전에 비경쟁 조항noncompete clause, 고용자 당사자가 경쟁 관계에 있는 동일 계열 회사에 취업하지 않겠다고 동의하는 계약법에 대해 글을 쓴 적이 있었는데 당시 많은 논쟁을 불러일으켰다. 갑자기 수많은 사람들이 내 글에 반응을 보였는데, 개인적으로 나는 비경쟁 조항에 반대하는 입장이다. 내 기사에 반응을 보인 세일즈맨들은 100퍼센트 모두 나와 같은 입장이었지만 그들의 상사들은 다르게 생각했다. 그들은 특별 우대 조치, 인재 확보를 위한 특별 고용 계약과 그들의 이익 보호에만 신경을 썼다. 그리고 직원들이 경쟁사로 가 버리거나 회사의 고객을 빼내지 않을까 하는 망상에 빠져 있었다.

그런데 비경쟁 조항은 설득이 아니다. 직원들에게 비경쟁 조항에 서명하도록 강요하는 것은 설득이 아니라 위협에 가깝다. 설득은 자신의 입장을 정리해 단호한 자세로 요점을 증명하고, 질문을 통해 사람들이 당신의 말을 받아들이게 하는 것이다.

설득적인 글은 매우 명료하다. 바로 본론으로 들어간다. 당신에 관한 이야기가 아니라 다른 사람들에게 어떻게 영향을 끼칠 수 있는지를 말하는 것이다. 설득적인 글을 쓰기 위해 예를 들어 가면서 쓸 수 있지만, 관심을 끌 만한 것들로 사람들이 들으면서 고개를 끄덕일 수 있어야 한다.

나는 매주 세일즈, 고객 서비스, 고객의 제품 충성도, 또는 자기 계발 같은 주제들에 대해 칼럼을 기고한다. 칼럼 밑에는 내 웹사이트 주소를 적어 놓아 독자들이 방문해서 무료로 정보를 얻을 수 있게 한다. 매일 수천 명의 사람들이 내 웹사이트를 방문하는데, 이는 더 많은 정보와 혜택을 얻을 수 있다고 믿기 때문이다. 그리고 이들의 생각은 옳다.

글을 읽은 사람이 글을 복사해서 "이것 좀 읽어 봬요!"라고 말하주위에 있는 브로슈어를 보라. 모든 회사마다 브로슈어 하나 정도는 갖고 있다. 브로슈어는 '마케팅 책자', 때로는 '회사 유인물'로 불리는데 나는 이를 '돈 낭비'라고 부른다.

마음에 와 닿는 브로슈어를 본 적이 있는가? 주의 깊게 읽어 볼 가치가 있는 브로슈어를 본 적이 있는가? 그런 브로슈어를 발견하는 것은 10,000분의 1도 안 된다. 나는 《하버드 비즈니스 리뷰》에 〈회사 유인물이라는 새 얼굴〉이라는 기사를 쓴 적이 있다.

당신이 쓴 글 중에서 사람들의 마음을 움직이게 하는 부분이 있는지 생각해 보라.

이 글이 다른 사람의 행동에 영향을 줄 수 있을까? 그렇지 않다면 영향을 줄 수 있을 때까지 다시 써야 한다. 셀프 테스트나 다른 사람의 의견을 묻는 간단한 말이라도 고객이 반응하거나 설득할 수 있는 기회로 만들 수 있어야 한다.

당신이 쓴 글을 읽어 보라. 당신의 글을 우편으로 받는다면 보관하고 싶은 마음이 드는가? 아니면 당장 쓰레기통에 버리겠는가? 회사의 유인물로 받았다면 그 회사의 상품이나 서비스에 관심을 갖겠는가?

당신의 반응이 곧 다른 사람들의 반응이다. 당신이 영향을 끼치고 설득하려고 하는 사람들도 당신과 똑같이 행동한다.

종종 회사 유인물에 '재활용 종이'로 만들었다고 자랑하듯 써 놓은 것을 보면 웃음이 터져 나온다. 사람들이 읽지도 않고 던져 버리는 유인물을 재활용한 것이 자랑거리라니!

'사람들을 위한 가치'를 생각하라. 브로슈어에는 당신의 상품을 사용해서 얻을 수 있는 5가지 장점이나 수익을 낼 수 있는 5가지 방법, 또는 생산성을 높일 수 있는 5가지 방법이 들어 있어야 한다. 그러면 고객은 그 브로슈어를 영원히 간직하고 싶어 할 것이다.

빨간색 펜을 들고 당신 회사의
모든 유인물을 읽어라. 당신에게
도움이 될 사항들을 읽어 나가
면서 고객의 흥미를 끌거나 공
유하고 싶어 할 만한 사항에 동
그라미를 쳐라. 아마 동그라미
칠 일이 별로 없을 것이다.
고통스러운 일이겠지만, 고객이
당신 회사의 유인물을 어떻게
생각하는지 알 수 있다.

강렬하고 시선을 끄는 글쓰기

나는 15년 동안 글을 써 오면서 글솜씨가 늘었다. 대부분의 사람들이 글을 잘 쓰거나 적어도 지금보다는 낫게 쓰고 싶을 것이다.

나는 글 쓰는 방법에 대해 많은 질문을 받는다. 사람들은 "어떻게 하면 당신처럼 글을 쓸 수 있죠?"라고 묻기도 하고, "저는 글을 잘 못 써요", "글만 쓰려고 하면 아무것도 안 떠올라요!"라고 하소연하는 사람들도 있다.

내가 '글 쓰는 방법'이나 '글을 더 잘 쓰는 비책'을 가르쳐 줄 수는 없지만 나만의 방법을 일러 줄 수는 있다. 그러면 내 이야기로부터 당신의 방식을 만드는 데 도움이 될 것이다.

여기에 더 좋은 글을 쓰기 위해 도움이 되는 글쓰기 방법이 있다.

1. 나는 생각하듯 쓰고 말하듯 쓴다.

사실 글을 쓴다는 것은 소리 내어 말을 입 밖으로 내는 대신 속으로 말하는 것이다. 그렇기 때문에 나는 글을 고칠 때 소리 내어 읽어 보면서 고친다. 나는 내가 쓴 글이 말하는 듯이 자연스럽게 들리길 바란다. 가끔 사람들로부터 "당신 글을 읽으면 저한테 직접 말하고 있는 것 같은 착각이 들어요." 또는 "당신이 와 있는 것 같아요."라고 쓴 편지나 이메일을 받는다. 이는 내가 마치 "말하고 있는 것"처럼 글을 쓰기 때문이다.

2. 나는 언제 어디에서나 글을 쓴다.

글을 쓰기 위해 따로 장소와 시간이 필요하지 않다. 아이디어나 떠오르는 생각만 있으면 된다. 나는 아이디어가 떠오르면 그 즉시 적는다. 컴퓨터 앞에 앉아 있지 않다면 아무 종이 여백, 때로는 냅킨에도 쓴다. 순간 떠오른 아이디어나 생각을 놓치지 않기 위해서 적을 수 있는 곳이면 어디에든 적는다. 그 순간이 지나고 나면 나중에는 기억이 나지 않기 때문이다.

3. 나는 아이디어와 생각을 수집해 두고 있다.

평소에 수백 개의 아이디어와 생각을 다 모아서 수집하고 있기 때문에 쓰고 싶은 이야기가 있거나 마감이 임박했을 때는 내 수집품 중 하나를 골라서 뼈대에 살만 붙이면 된다.

4. 아이디어가 하나 떠오르면, 거기에 이야기를 붙여 나간다.

나는 머릿속에 떠오른 것들은 모조리 적어 둔다. 생각, 말, 또는 단어 하나라도 모두 적어 둔다. 생각나는 모든 것들을 다 쏟아 낼 때까지 적는다. 너무 급하게 쓰기 때문에 적은 다음에 손을 봐야 할 때도 있다. 그러나 순간 떠오른 아이디어들은 금방 달아나 버리기 때문에 빠르게 적어야 한다. 15년 동안 글을 써 오면서 내가 느낀 불변의 진리가 있다. 순간 떠오른 아이디어를 그 즉시 적어 두지 않으면, 나중에는 절대 다시 생각나지 않는다는 것이다.

5. 나는 내 경험을 바탕으로 쓴다.

나는 내 생각이나 개념을 증명하기 위해 통계 조사를 하지 않는다. 남들의 통계는 필요 없다. 내 주장을 말하기 위해 나의 경험, 나의 생각보다 더 좋은 증거 자료는 없다. 통계는 맞지 않을 때가 많지만 내 경험은 사실이다.

6. 나는 한 가지 주제, 한 가지 생각, 한 가지 논제만 다룬다.

하나의 이야기에만 집중하면 더 깊은 내용을 다루거나 쓸 수 있으며, 진부한 방법이나 기존의 생각을 대체할 새로운 아이디어를 낼 수 있다.

7. 권위를 갖고 쓴다.

나는 명확하게, 그리고 진술하듯이 글을 쓴다. 당신이 내 글을 읽는다면 내가 무엇을 말하는지, 또 어떤 생각을 하는지 확실하게 알 수 있을 것이다.

8. 나는 나의 생각이라고 주장하지 않는다.

누구나 알고 있는 것이라면 나의 생각인 것처럼 말할 수 없다. 누구나 알고 있는 것은 "저는 그것을 '소비자 서비스'라고 부릅니다."라고 말해서는 안 된다. "그런 것을 '소비자 서비스'라고 합니다."라고 말해야 한다. 그래야 더 강렬하게 느껴진다.

9. 나는 문법에 신경 쓰지 않는다.

나는 글을 읽는 사람이 '이해'할 수 있도록 글을 쓴다. 중요한 것은 사람들이 글의 내용을 쉽게 이해하는 것이지 문법이 아니다. 가끔 나는 원칙상 들어가지 않는 부분에 하이픈(-)과 소유격 부호(·)를 사용해 사람들이 나의 생각과 이야기의 흐름을 잘 따라갈 수 있도록 한다.

10. 글의 구조와 흐름에 신경 쓴다.

나는 생각들이 서로 연결되어 물 흐르듯 자연스럽게 읽힐 수 있게 글을 쓰려고 노력한다. 만약 흐름이 자연스럽지 않다면 다시 글의 구조를 세우고 처음에서부터 끝까지 글이 잘 흐를 수 있게 글을 써 내려간다.

글을 쓰면
부유해진다.

−제프리 지토머

▪▪▪ 당신의 뜻을 이루는 명언

11. 글자를 수정하기 위해 생각을 써 내려가는 것을 멈추지 않는다.

나는 글을 다 쓸 때까지 '수정'하기 위해서 멈추지 않는다. 글자 수정과 글쓰기는 배타적인 관계이다. 글자를 확인하기 위해 글 쓰는 걸 멈추면 생각의 흐름이 끊기고 탄력을 잃는다. 글자는 언제든지 고칠 수 있지만 생각이나 글의 흐름은 잡아 둘 수 없다.

12. 내가 남자이기 때문에 남성의 성 'He'를 이용한다.

다른 의도가 있는 것은 아니다. 내 요점을 전달해서 새로운 생각을 알려 주고 사람들을 도와주려는 것뿐이다. 성이 중요한 것은 아니다. 여성 대명사를 써야 할지 남성 대명사를 써야 할지 너무 고민할 필요 없다.

13. 내 글은 나의 목소리로 말해야 한다.

내가 '그(He)' 또는 '그녀의(Her)'를 선택하는 문제로 고민하면서 글을 쓴다면 내 아이디어들은 다 달아나 버릴 것이다. 기분 나쁘게 생각하지 않기를 바란다. 나는 단지 내 입장에서 글을 쓰기 때문에 남성의 성으로 대명사를 쓰는 것뿐이다.

14. 나 자신을 독자에 포함시키지 않는다.

나는 대명사를 활용해서 나 자신과 독자를 구분한다. 나는 '당신', '당신의', '그들', '그', '그 여자분', '그것'이라고 말한다. 절대로 '우리', '우리를'이라고 말하지 않는다. 나는 독자들에게 내가 어떻게 생각하는지 말하지만 그 속에 나를 포함시키지 않는다. '우리 모두가 알다시피'가 아니라 '알고 계시다시피'이다.

15. 나는 기존의 글쓰기 방법, 문법, 그리고 구두점을 지키지 않는다.

문법 선생님들은 나에게 낙제점을 주겠지만 나는 별로 신경 쓰지 않는다. 내 책들은 백만 권이 팔렸다. 문법 책은 얼마나 팔렸는가?

16. 나는 글을 쓰자마자 고치고 하루가 지난 후 다시 고친다.

글 쓴 것을 고치는 것은 당신에 대한 폭로이다. 쓴 글을 고치기 위해 다시 읽다 보면, 당시 무슨 생각을 하고 있었는지 알 수 있게 된다. 글을 쓰고 하루가 지난 후 다시 고치다 보면, "내가 무슨 생각으로 이렇게 썼지?"라는 생각이 들 때가 있다. 글을 수정하는 나만의 비법은 소리 내어 읽는 것이다. 이렇게 손을 본 다음에는 다른 사람들에게 읽어 달라고 부탁한다. 내가 글을 보다 강렬하고 효과적으로 쓸 수 있는 비결은 이 두 가지 방법이다.

17. 나는 일인칭을 잘 사용하지 않는다.

내 글을 전에도 읽어 본 적이 있다면, 내가 일인칭(우리, 우리의)을 극도로 피한다는 것을 알 것이다. 일인칭을 사용하면 글쓴이와 독자가 같은 입장이 되어 글과 글쓴이의 권위가 낮아진다. 글을 쓸 때의 주도권은 독자가 아니라 글을 쓰는 당신에게 있다. 당신의 주도.
권을 다른 사람에게 넘겨주지 마라.

18. 나는 글 쓰는 것을 좋아한다.

이 이유야말로 내가 열정을 가지고 글을 쓸 수 있는 가장 큰 비밀
이다. 나는 글쓰기가 생각을 더 깊게 하고 일관성 있게 한다고 믿
는다. 글쓰기가 '단기적인 영향'뿐만 아니라 '장기적인 영향'도 생
각하게 만든다고 믿는다. 또한 글쓰기를 좋아하면 글을 더 잘 쓸
수 있다고 믿는다. 글의 내용이 더 설득력 있고 문장 하나하나에
당신의 자신감이 배어 나온다.

FREE GITBIT

당신이 쓴 글을 더 멋있게 해 줄 사람이 필요한가요? 이 책의 편집자 제시카 맥두걸이 쓴 '편집에
필요한 20.5개 항목'을 읽고 싶다면 www.gitomer.com에 접속해서 회원 등록을 한 다음 GitBit 박
스에 'EDITOR'라고 치세요.

오늘 당장 당신의 글쓰기 기술을 향상시키는 6개의 방법이 있다.

1. 앉아서 아무것이라도 쓰기 시작하라. 매일 써라. 당신에게 일어난 일 중에서 정리하고 싶고 털어 내고 싶은 것, 또는 쓰고 싶은 주제 하나를 정한다. 글을 쓰다 보면 생각이 명료해지고 다른 생각들이 연이어서 떠오른다. 아이디어를 종이에 적어 내려가면 얽혀 있던 머릿속을 풀어 나갈 수 있다. 글로 남기면 기억에 남게 되고 생각이 정리된다.

2. 떠오른 순간을 포착하라. 아이디어가 떠오르기 시작하면 생각이 꼬리에 꼬리를 물고 이어진다. 하지만 순간에 떠오른 생각은 순간에 사라져 버리므로 생각이 떠오른 순간 빨리 포착할수록 더 많은 생각을 얻을 수 있다. 일단 떠오르는 것은 모조리 다 적는다. 항상 생각을 컴퓨터로 옮길 준비가 되어 있어야 한다. 이렇게 하면 당신의 아이디어들을 다시 읽고, 수정하고, 내용을 확충해 영원히 저장할 수 있다.

3. 말하듯이 써라. 당신의 컴퓨터에게 말하듯이, 또 자신에게 말하듯이 글을 쓰면 더 명확하고 완성도 있게 쓸 수 있다. 많은 사람들이 무슨 말을 써야 할지 몰라 애를 먹는데, 말하듯이 글을 쓰면 절대로 글 길이 막혀서 고생하지 않는다. 어떤 말을 써야 할지 쩔쩔맬 필요가 없다.

4. 당신의 생각을 명료하고 이해하기 쉽게 써라. 글을 쓸 때에는 머릿속에 떠오르는 것은 모조리 다 적는다. 그런 다음 수정하거나 다시 읽을 때에는 다른 사람에게 따로 설명이 필요하지 않게 다듬는다.

5. 빨리, 그리고 자주 편집해라. 글을 다 쓰자마자 자리에 앉아서 처음부터 끝까지 쭉 읽는다. 실수한 부분들이 보일 것이다. 글을 손본 다음 최소 하루가 지난 후에 다시 읽는다. 두 번째 글을 손본 후에는 객관적이고 솔직한 피드백을 줄 사람에게 글을 읽어 달라고 부탁한다. 글을 고치다 보면 또 다른 훌륭한 생각들이 떠오를 수 있다.

6. 글을 읽는 대상에는 당신도 포함된다. 글을 수정할 때 독자의 입장이 되어서 읽는다. 글이 당신 마음에 든다면 다른 사람들도 좋아할 것이다. 그러나 실제로 다른 사람들이 그 글을 어떻게 생각하는지는 그들의 평가로 알 수 있다. 다른 사람에게 글의 수정을 부탁한 후, 10명 정도의 사람들에게 읽어 달라고 부탁한다. 그들의 평가가 당신의 운명을, 또는 최소한 당신이 쓴 글의 운명을 결정할 것이다. 글을 대화체로 써서 사람들이 당신과 대화하듯이 읽도록 하는 것이 핵심이다.

FREE GITBIT

당신의 글을 더 빛나게 할 2.5개의 아이디어가 궁금하다면, www.gitomer.com에 접속해서 회원 등록을 한 다음 GitBit 박스에 'WRITE BETTER'라고 치세요.

승리하는
제안서

왜 당신은 일을 성사시키는 것보다 실패하는 게 더 많은가? 회사의 제안서들이 거절당하는 슬픈 이유는 제안서가 설득적이지 않기 때문이다. 이런 제안서들은 지루하게 정보만 나열해 놓는다. 사람들의 마음이나 행동을 움직이게 하는 요소들은 없다. 그러고서 거절당한 이유를 가격 탓으로 돌린다.

설득적인 말들을 넣어서 제안서를 만드는 것은 세일즈를 성공시키는 중요한 기술이다. 어떤 사람들은 적절한 말을 생각해 내는 데 어려움을 겪기도 하는데, 이는 글을 쓸 줄 몰라서가 아니라 글 쓰는 규칙을 모르기 때문이다.

당신의 제안서를 승리하는 제안서로 바꿀 수 있게 도와주는 16개의 글쓰기 지침이 있다.

1. 당신의 목적이 들어가는 내용에는 위에 제목을 달아라.

2. **짧은 단락을 이용하라.** 강조하기 위해서.

3. **편집하라.**

의사소통의 목적에 중요하지 않은 모든 말을 과감하게 버려라. 불필요한 수식어도 버려라. 불필요한 부사, 형용사가 없어도 내용 전달에는 지장이 없다. 모든 글 하나하나가 꼭 필요한 것인지 살펴본다. 아마 필요하지 않은 것들이 많을 것이다.

4. **제안서는 짧게 하라.** 짧아야 사람들이 읽고, 이해하기도 쉽다.

5. **· 단조로움을 깨기 위해 점(·)을 사용하라.**

제안서를 읽기 쉽고 생생하게 만들 수 있다.

· 제안서를 짧고, 보기 좋게 하기 위해 점을 사용하라.

알맹이로만 채워라.

· 가장 중요한 것을 강조하기 위해 점을 사용하라.

효과를 주기 위해 한 자 들여서 써라.

6. **굵은 글씨체를 이용하라.**

주의를 끌기 위해서 사용하되 반드시 필요한 곳에만 써라. 글을 읽는 사람에게 도움이 되는 내용의 도입 부분은 굵은 글씨체를 사용하는 것이 좋다.

7. 독자에게 중요한 내용은 굵은 글씨체로 써라.

당신의 이름에는 사용하지 마라. 당신의 이름은 제안서에서 중요한 내용이 아니다.

8. 불필요한 부사는 지워라.

9. '가장' 또는 '최고'와 같은 표현은 피하라.

10. '유일한'이라는 단어도 피하라.

11. 상투적인 말처럼 보이지 않게 하라.

12. 글자를 틀리지 마라.

글자 하나의 실수가 당신의 경력에 치명타가 될 수 있다.

13. 추가 사항을 만들어라.

기대하지 못한 +1을 만들어라. 글을 읽는 사람과 관련 있는 기사나 글을 첨가하라. 당신이 남들과 다른 방식으로 일하고, 소통하고,

서비스를 제공한다고 생각하게 만들라.

14. 커버 레터cover letter**, 자기 소개서를 신경 써서 만들어라.**

- 간결하고 관심을 끌 수 있게 만든다.

- 잠재 고객이 커버 레터를 보고 두통이 생기지 않게 만들어라. 글은 이해하기 쉽게 써야 한다.

- 내용은 한 페이지를 넘기지 마라.

- "저희에게 기회를 주셔서 감사합니다."라는 말 대신 "이런 ○○○을 제공할 수 있어서 기쁘게 생각합니다."라고 말하라.

- 상품 광고를 하지 마라. 다음에 해야 할 행동과 신뢰·관계 구축에 신경 써야 한다. 커버 레터에 판매 광고를 사용해서는 안 된다. 세일즈 도구로 사용하라.

- "다시 한 번 감사 드립니다."라고 말하지 마라. 다시 감사할 필요 없다. 한 번이면 충분하다. 비굴해지지 마라.

- 특정한 날짜까지 답해 줄 것을 부탁하라.

- 친근하면서도 전문가다운 느낌이 나게 마무리하라. "소중한 시간을 내주셔서 감사합니다. 화요일에 연락 드리겠습니다."

- 이름만 써라. 더 친근해 보인다.

15. 소리 내어 읽으면서 수정하라. 이보다 더 좋은 방법은 없다.

16. 책처럼 읽혀야 한다.

당신의 이야기를 하고 당신의 이야기를 팔아야 한다. 당신이 직접
사람들에게 말하는 것은 아니지만 당신의 글이 당신을 대신해서
말해야 한다. 사람들의 마음을 움직여야 한다.

◆ **주의!** 대부분의 사람들은 제안서를 전부 읽지 않는다. 가격부터 찾
는다. 가격이 있는 페이지에 가장 경쟁력 있는 내용을 담아라.

규칙은 아니지만 글 잘 쓰는 지침을 소개한다.

• 훌륭한 작가의 글을 읽으면서 배워라.

• 연습하라.

• 하루가 지난 후 다시 읽어 보면서 고쳐라.

• 글의 구조를 세우면서 글 쓰는 법을 배워라.

• 실제 있는 이야기를 쓰는 것이 효과적이다.

• 필요 없는 조사와 어미는 버려라.

• 글의 톤은 어떤가? 내 글은 직선적이고 명료하다. 내 글은 진부한 표현이 없고 재치 있다.

• 글쓴이의 어조는 어떤가? 나는 권위적이다.

• 대명사로 권위적인 힘을 만들 수 있다.

• 그녀(She) 또는 그(He)를 써야 할까? 신경 쓰지 마라.

• 속어 사용을 꺼리지 마라. 글 쓰는 사람의 특권이다.

• 문법에 맞게 쓰는 것은 좋다. 그보다 말하듯이 자연스럽게 써라.

• 리서치 vs. 내 지식? 증거 vs. 내 의견? 나는 나의 지식과 의견을 택할 것이다.

• 가능한 생생하고 묘사적인 어휘를 사용하라.

- 글의 단락 길이는 짧게 하라.

- 강조하기 위해 굵은 글씨체를 활용하라.

- 초반에 시선을 잡아라.

- 질문이나 짧은 문장으로 시작하라.

- 글을 읽어 내려가면서 웃고 생각하게 만들어라. 다 읽고 나서는 행동에 영향을 미치도록 마무리 짓는다.

- 중간에 미끼를 던져라.

글을 고칠 때 소리 내어 읽는다는 것을 명심한다.

스스로에게 물어보라.

- 어느 부분이 효과적인가?

- 본론은 어디에 있는가?

- 요점은 어디에 있는가?

- 시선을 잡는 문구는 어디에 있는가?

- 감동적인가?

- 읽는 사람이 다시 읽고 싶을까?

- 이 글이 생각에 영향을 끼칠까?

- 이 글이 행동에 영향을 끼칠까?

당신의 뜻을 이루려면 인내하라

제가 당신을
보지 않았나요?

사람들이 계속
'No!' 라고 말해요.
앞에서
제가 당신을
보지 않았나요?

아이들과 고양이에게서
인내심을 배워라

대부분의 사람들이 설득하는 것을 너무 쉽게 포기한다. 처음에는 설득으로 자신의 목적을 달성하려고 노력을 아끼지 않지만, 상대방이 쉽게 설득되지 않으면 이내 포기해 버리고 만다. 대개는 한두 번 거절당하면 포기한다. 인내를 배워라!

당신이 성공할 확률은 인내심 있는 설득의 질과 효과, 그리고 당신이 전달하는 메시지의 가치에 비례해서 증가한다.

세일즈 분야에서 인내심은 곧 팔로우업을 의미한다. 당신은 제안서를 보내지도 않고 자리에 느긋이 앉아서 전화가 울리기만 기다리고 있는 것은 아닌가? 아니면, 당신이 제안서를 보낸 사람에게 전화를 걸고 일을 진행시키려 노력하는가? 인내심을 가지고 팔로우업을 해도 자신의 뜻대로 일이 안 된다면 다른 데 문제가 있는 것이다. 당신이 고객보다는 당

고양이는 항상 성공한다.
그 방법을 배우고 싶다면
당신도 고양이를 길러라.
그리고 고양이의 인내심을
배워라.

신의 개인적인 욕심을 우선시하기 때문이다.

아이들이나 고양이를 보면 인내가 무엇인지 알 수 있다. 이들은 절대로 포기할 줄 모른다. 아이는 원하는 것을 얻기 위해서 모든 것을 한다. 애원을 하고, 그래도 안 되면 버럭 화를 낸다. 원하는 것을 얻기 위해서는 매도 두려워하지 않는다. 아이들이 그렇게 하는 이유는 자신의 뜻을 이루기 위해 할 줄 아는 것이 그런 방법밖에 없기 때문이다. 부모들이 생각을 바꿀 때까지 자연스럽게 나오는 대로 행동하는 것이다.

내 딸 레베카가 다섯 살이었을 때 함께 쇼핑센터에 간 적이 있다. 한참 가게 진열창을 들여다보던 딸아이가 "아빠, 나 저 티셔츠 사 주세요!"라고 했다. 나는 "오늘은 안 돼!"라고 말했다. 그런 다음 우리는 그 가게 앞을 지나쳤다. 한참 걸어온 뒤 나는 딸아이에게 "왜 엄마한테 하듯이 떼를 쓰지 않니?"라고 물었다. 딸아이는 퉁명스럽게 "아빠한테는 안 통하잖아요."라고 대꾸했다. 나는 딸아이의 말에 매우 놀랐다.

집에서 고양이를 키우고 있다면 고양이를 잘 생각해 보라. 고양이는 배고플 때 절대로 포기하지 않는다. 탁자 위나 사람들 무릎 위로 껑충 뛰어오르거나 시끄럽게 야옹거리기도 하고 물건을 쓰러트린다. 먹이를 줄 때까지 어떤 짓이든 한다.
처음에 고양이는 부드럽게 야옹거리고, 당신의 다리에 머리를 문지르고,

당신이 움직이면 자기 밥그릇으로 달려간다. 그런데 이렇게까지 했는데도 당신이 무시해 버리면 마침내 고양이의 인내심이 한계에 도달하게 된다. 고양이는 더욱 크게 울고, 주위를 정신없이 뛰어다니면서 물건을 다 쓰러뜨린다. 당신을 발톱으로 할퀴기까지 할 것이다. 오로지 먹이를 먹겠다는 일념 하나로 할 수 있는 모든 방법을 총동원한다. 항상 같은 말을 외치면서 말이다. "야옹!"

당신의 아이와 고양이가 성공할 확률을 생각해 보라. 당신은 금세 그들의 인내력이 빛난다는 것을 깨닫게 될 것이다.

문제는 사람들이 당신의 인내심을 존중하느냐, 아니면 성가시게 생각하느냐이다.

인내심이 빛나게 하는 비결은 당신의 인내는 그만한 이유가 있음을 사람들이 느끼게 하는 것이다. 사람들이 그렇게 느낀다면 당신에게도 마음을 열 것이다.

진심으로 당신의 의지대로 하고 싶은가?

먼저 설득하는 법을 마스터한 다음

인내하는 법을 배워라!

–제프리 지토머

포기하는 사람과
인내하는 사람

왜 사람들은 빨리 포기하는 것일까? 큰 문제이다. 왜 당신은 너무 빨리 포기할까? 정말 큰 문제이다.
《놓치고 싶지 않은 나의 꿈 나의 인생 Think and Grow Rich》을 읽어 보았는가? 읽지 않았다면 정말 심각한 문제이다.

나폴레온 힐이 70년 전에 쓴 《놓치고 싶지 않은 나의 꿈 나의 인생》은 챕터 한 장에 걸쳐서 인내에 대한 깊은 통찰을 보여 주고 있다. 인내는 사람들이 일을 시작한 이튿날 바로 포기하게 만들고, 승리를 바로 눈앞에 두고서 포기하게도 만들고, 승리할 때까지 밀고 나가게도 하는 사람들의 성격상의 특징이다.

위대한 나폴레온 힐의 말을 내가 부연해서 쓰는 것은 너무 주제넘은 것 같다. 그래서 대가의 글을 발췌해서 공유하고 싶다. 아래 내용들은 인내에 관한 70년 전의 글을 발췌한 것으로, 내가 최고라고 생각하는 부분들이며 오늘날에도 진리로 통한다.

인내는 마음의 상태이다. 그러므로 가꿀 수 있다. 다른 마음들과 마찬가지로 인내는 명확한 원인에 토대를 둔다.

    a. **목표의 명확화.** 자신이 무엇을 바라는지 확실히 알아야 한다. 이것이 인내력을 키우는 가장 중요한 열쇠이다. 강력한 동기부여야말로 난관을 극복할 수 있게 도와준다.

    b. **소망.** 더욱더 간절하고 열렬한 소망을 가져야 한다. 자신이 추구하는 목표에 강력한 소망을 가지고 있다면, 누구보다 강한 인내력이 발휘된다.

    c. **자신감.** 자신의 능력과 가치를 믿어라. 자신감은 인내력을 지탱해 준다.

    d. **계획의 조직화.** 명확하고 구체적인 계획을 세운다. 세밀한 계획을 세워 나가는 과정에서 점차 인내력이 향상되는 것을 느끼게 된다.

e. **정확한 지식.** 자신의 경험과 관찰을 토대로 지식을 쌓는다. '지식'이 아닌 '추측'은 인내를 무너뜨릴 뿐이다.

f. **협력.** 인정과 이해, 그리고 조화가 갖추어진 협력은 인내력을 강화시킨다.

g. **의지의 힘.** 명확한 목표를 향해 항상 마음을 집중시키려는 노력은 인내의 밑거름이 된다.

h. **습관.** 인내하는 것을 습관화해서 몸에 배도록 하면 당신의 마음도 나날이 경험이 쌓여 원숙해진다.

두려움이라는 가장 큰 적은 용기 있는 행동을 반복함으로써 쫓아 버릴 수 있다. 전장에서 열심히 싸워 본 적이 있는 군인들은 이 사실을 안다.

인내심을 기르는 방법

인내하는 습관을 키우는 4단계 방법이 있다. 머리를 많이 쓰지 않아도 되며 시간과 노력이 많이 들지 않는 4단계 방법을 소개한다.

1. 반드시 성취하겠다는 소망을 가진 명확한 목적이 있어야 한다.
2. 명확한 계획을 지속적으로 실천한다.
3. 주번 사람들의 **부정적인** 말, 부정저인 용기를 꺾는 어떤 것에도 신경 쓰지

않는다.

4. 나의 계획과 목표를 실행해 나갈 수 있게 격려해 주는 친구가 있어야 한다.

이 4단계 방법은 성공하기 위해 남녀노소 누구에게나 필요한 것들이다. 이 책의 주요 원칙들의 전체 목적은 사람들이 이 4단계 방법을 습관처럼 할 수 있게 도와주는 것이다.

인내의 비결은 정답이 있는 것이 아니다. 실천하는 것이다. 앞서 읽은 발췌 부분을 이해할 수 없다면, 이미 실천한 사람에게 패배할 것이다. 나폴레온 힐의 철학은 강하면서도 부드럽다. 전략에서 빼먹은 것은 인내할 것이 '무엇인가'이다. 한 단어로 답을 말하겠다. 바로 '가치'이다.

인내심을 키우기 위해

당신에게 필요한 것은 의지와 소망이다.

얼마나 원하는가?

성취하기 위해 얼마나 인내할 수 있는가?

대답이 '언제나'가 아니라면,

당신은 인내할 수 없다. 포기할 것이다.

-나폴레온 힐

팔로우업은
인내의 또 다른 이름

팔로우업은 좀 더 부드럽게 들린다. 영업 부장이 영업부 직원에게 말할 때 "비겔로 씨의 회계사와 인내심을 갖고 계속 연락하고 있습니까?"라고 절대로 묻지 않는다. 대신 "비겔로 씨한테 다시 연락했습니까?"라고 묻는다.

큰 차이가 없는 것처럼 들릴 것이다. 하지만 무슨 일을 하든 항상 인내심이 필요하다. 아이들에게 방을 치우거나 숙제를 하라고 말할 때도 인내심이 있어야 한다. 대출 신청이 승인되었는지 알아보려고 은행에 5회 이상 전화를 할 때, 차 수리가 다 되었는지 알아보기 위해 연락할 때, 또 보험 회사가 당신에게 손해 배상을 해 줄지 알아볼 때도 항상 인내해야 한다.

인내는 비즈니스 거래에서도 매우 중요하다. 프로젝트를 완수하는 것,

제때 선적하는 것, 약속을 잡는 것, 여러 사람들로부터 결제를 얻는 것, 이 모든 것에는 항상 인내가 필요하다.

세일즈를 목적으로 당신에게 끊임없이 전화하는 세일즈맨이 인내심의 대표적인 예일 것이다. 당신은 그를 '귀찮은 사람'이라고 부를지도 모른다. 하지만 그가 그렇게 인내심을 가질 수 있는 이유는 당신에게 있다. 당신이 그에게 "No!"라고 말하는 것을 두려워하거나 불편해 했기 때문이다. 세일즈맨은 당신에게 직접적으로 거절당하지 않았기 때문에 계속 전화하고 메시지를 남기는 것이다. 사실은 당신이 계속 회답을 하지 않고 있으므로 그는 포기하지 않는 것이다.
아니면 당신 자신이 그런 성과 없는 세일즈 전화를 하고 메시지를 남기는 세일즈맨이었을지도 모른다.

인내가 무엇인지 알기 쉽게 정의를 내렸으니 이제는 당신의 인내가 빛을 내도록 도움이 되는 전략을 알아볼 차례이다. 비밀은 팔로우업을 할 때 고객에게 가치 있는 것을 제공하는 당신의 능력에 달려 있다.

대부분의 사람들은 다른 사람을 설득하거나 목적을 이룰 때에만 인내한다. 즉, 세일즈를 할 때만 인내한다.
당신의 인내가 성공하기 위해서는 다른 사람도 공감하고 그들에게 가치 있는 것을 제공해야 한다. 당신이 "내가 얻는 것은 뭐지WIFM?"라고 생각하는 동안 다른 사람도 당신과 같은 생각을 한다. 설득하는 사람으로서, 또 인내해야 하는 사람으로서 당신이 세일즈 또는 설득하고 싶은 사람에게 가치를 제공해야 한다.

더 명확하게 정의하자면, 많은 세일즈맨들이 팔로우업으로 잠재 고객에게 전화를 걸어 "이틀 전에 보내 드린 제안서 확인해 보셨나요? 혹시 궁금하신 사항은 없으신가요?"라고 말한다. 새빨간 거짓말이다. 사실은 잠재 고객에게 궁금한 점이 있는지 관심도 없다. 단지 돈을 원하는 것뿐이다. "돈 때문에 전화 드렸습니다. 준비되셨나요?"라고 물어라. 그게 더 진실에 가까울 것이다.

더 나쁜 상황을 들어 볼까? 팔로우업을 위해 전화를 했는데, 음성 사서함으로 넘어갔다. 그런데 당신은 메시지도 안 남기고 전화를 끊는다. 왜 그랬을까?

첫째, 메시지를 남길 만한 가치 있는 정보가 없다.

둘째, 고객과의 관계를 아직 구축하지 못했다.

셋째, 겁쟁이이다. 거절당하는 것이 두렵다.

메시지를 알려 주겠다. 고객에게 가치 있는 내용을 준비해서 인내심을 갖고 대하라. 그러면 당신의 뜻대로 할 수 있다. 나의 메시지를 알겠는가?

당신이 가치 있는 것을 제공할수록
당신 뜻대로 할 수 있다.

−제프리 지토머

당신의 뜻을 이루는 말재주

내 스웨터 어때요?
어머나,
자동차 타이어로
옷도 만들어
입으시네요!

말재주 또는
말솜씨?

나는 원래 말재주가 별로 없다. 누군가 나에게 '말솜씨가 좋은 연사'라고 말하면 믿지 않는다.

그러나 말솜씨가 좋은 것처럼 들리게 하기 위해서 반드시 갖추고 있어야 할 몇 가지를 알고 있다. 자신감, 편안함, 유머 감각, 매력, 에너지, 진솔한 말, 그리고 주의력이다.

나는 뉴저지에서 자랐지만 뉴저지 식 억양이 없다. 브루클린 출신의 어머니는 자신의 억양을 중화시키려고 의식적으로 노력하셨는데, 가족들도 어머니를 따라 해야 했다. 하지만 나와 형은 무척 힘들어 했다. 왜냐하면 북동부 출신들은 발음에 '게으른' 사람들이어서, 말할 때 끝 철자를 빼 버리고 제대로 발음하지 않는 경향이 있기 때문이다.

내가 집에서 "트웨니Twenney"라고 말하면, 어머니는 언성을 높이시면서

"트웬티Twenty라고 해야지! 트웬티Twenty는 'n'이 아니라 't'로 끝난다."라고 말씀하셨다. 그 당시에는 너무 귀찮았지만 그것이 실제로 나의 첫 번째 스피치 레슨이었다.

그리고 45년이 흘렀다. 나는 강단에 설 때마다 좋은 정보를 담은 메시지를 사람들과 나눌 수 있다는 것에 흥분과 긍지를 느낀다. 메시지를 전달하기 위해서 나는 육체적으로, 또 정신적으로도 많은 준비를 한다.

청중 중심으로 말하는 것 외에도 나는 평상시에 이렇게 말한다.

- 명료하게, 요령 있게, 그리고 신속하게 말한다.

- 비꼬지 않으면서 재미있게 말한다.

- 다른 사람을 비하해서 사람들을 웃기지 않고 자신을 소재로 활용한다.

- 단순히 농담만 하지 않고 이야기에 내용이 있게 말한다.

- 내가 중심이 아니라 청중 중심으로 말한다.

- 사람들을 동시에 보려 하지 않고, 한 번에 한 사람씩 눈을 맞춘다.

- 연단에만 있지 않고 돌아다니면서 말한다.

- 편안한 옷과 편안한 분위기에서 말한다.

- 노트를 들고 설명하기보다는 파워포인트를 활용한다.

- 듣는 사람 중심으로 맞춤화된 메시지를 전한다.

- 타이밍을 놓치지 않고 사람들을 많이 웃게 한다.

- 내 이야기가 아닌 주제 중심으로 말한다.

- 외우려 하지 않고 내 것으로 만들어 말한다.

이런 것이 바로 말재주이다.

말을 잘하기 위해서는 이야기를 먼저 말해야 한다. 그 다음에 요점을 말하는 것이다. 이 반대의 순서가 아니다. 사람들에게 당신이 앞으로 할 말에 대해 알려 주지 마라. 바로 이야기로 들어가라.

생각을 하게 만드는 말이나 질문을 던져 시작부터 청중의 관심을 끌어야 한다. 유쾌한 웃음과 자신을 낮추는 농담으로 사람들과 처음부터 공감대를 형성해야 한다.

사람들에게 당신이 그들에 대해 파악하고 있다는 것을 알게 하라. 그리고 그들에게 바로 도움이 될 수 있는 정보를 주어라. 그들을 돕고자 하는 만큼, 당신의 마음만큼 당신의 말이 진실되게 들리도록 하라. 사람들이 생각해 본 적 없는 아이디어를 생각하라. 그리고 당신만의 스타일로 말하라. 이것이 말재주이다.

연사의 말을 듣는 대부분의 청중들은 처음에는 팔짱을 끼고 앉아 있다. 그리고 당신이 누구인지 알아보려 한다. 대부분의 연사는 강연을 시작하는 오프닝에서부터 말을 더듬거려 청중의 관심을 잃고 만다.

연사들이 하는 가장 흔한 실수는 연단에 올라서면서 "안녕하세요!"라고 하는 인사말이다. 이때 청중은 거의 대답하지 않는다. 그러면 연사는 "안녕하시냐고 물었습니다."라고 더 크게 인사한다. 그러면 청중은 "안녕하세요."라고 마지못해 크게 대답한다. 연사는 "네, 훨씬 낫네요."라고 말하며 흡족해 한다. 하지만 흡족해진 연사와 달리 청중은 적어도 첫 10분 동안은 연사를 못마땅하게 생각한다. 이것은 말재주가 아니라 거만함이다.

나는 지난 15년 동안 1,800번도 넘게 강연을 했다. 그동안 나는 절대로 "안녕하세요!"라고 인사말을 해 본 적이 없다. 나는 사람들이 흥미 있어 할 이야기를 하거나 질문을 던지면서 강연을 시작한다. 그리고 이야기로 사람들을 웃게 만들거나 질문에 대한 답을 하게 해 처음 10초 동안 사람들이 동참하게 만든다.

당신은 이런 것이 말을 잘하는 것이라 생각하지 않을 수 있다. 하지만 내가 장담하는데, 당신이 실컷 멋을 부려 잘 차려 입고 "안녕하세요!"라고 말하며 강단에 올라선다면, 사람들은 당신을 발레복을 입은 코끼리처럼 볼 것이다. 그리고 그들 눈에는 당신이 10분 동안 하는 프레젠테이션이 코끼리가 발레를 하는 것으로 보일 것이다. 귀중한 10분을 낭비하게 되는 것이다.

말재주는 이야기를 명확하고 뚜렷하게 하는 것과, 당신 자신을 어떤 사람으로 보이게 하는 것 모두가 결합되어 나오는 것이다. 당신이 어떤 사람으로 보이는가는 당신의 걷는 방법과 태도, 말할 때 드러나는 자신감에 달려 있다. 이는 제스처나 미소의 문제가 아니라 매너와 스타일의 문제이다.

말재주의 반대는 감상적, 냉소적, 빈정거림, 다른 사람 웃음거리로 만들기, 진실성 없음, 일인칭(우리) 남용하기, 그리고 "이번 행사를 위해 애쓴 샐리에게 큰 박수를 보냅시다."처럼 다른 청중을 조종하는 행동들이다.

말재주는 당신이 가진 것으로부터 나온다. 무대에서 당신의 존재감을 드러내는 것이다. 이것이 전부이다. 특별한 방법이 있는 것이 아니다!

허풍 떨지 말고 중요한 말을 하라. 의미 있는 말을 하라. 느낌이 있는 말을 하라. 사람들에게 영향을 끼칠 수 있을 만큼 강력한 방법으로 말하라.

사람들이 '그렇구나. 나도 할 수 있을 것 같은데 한 번 해봐야지.'라는 생각이 든다면, 당신의 메시지가 제대로 전달된 것이다. 메시지가 전달되기 시작하면 당신의 메시지는 영향력을 가진다. 그것이 바로 말재주이다.

대부분의 메시지가 이해되지 못하는 이유는 발표자들이 '그들의 이야기'로 말을 끝내기 때문이다. 더 큰 문제는 '그들의 이야기'가 청중들의 마음을 떠나게 하는 것을 모른다는 것이다.

말재주는 당신 메시지의 주제를 전달하는 은유법과 예를 만드는 능력이다. 당신의 말이 그들에게 어떻게 영향을 끼치고 도움이 되는지 알기 전까지 아무도 당신의 곤경에 대해 신경 쓰지 않는다.

말재주는 청중의 입장에서 메시지를 전달하는 것이다.
말재주는 당신의 메시지가 전달될 수 있게 하는 것이다.
말재주는 공감할 수 있는 메시지를 전하는 것이다.
말재주는 메시지를 듣는 사람에게 맞춰서 전하는 것이다.
말재주는 당신의 이야기를 정확하게 말하는 것이다.
말재주는 당신이 당신의 일을 사랑하고 있다는 것을 청중이 인식하게 하는 것이다.

나에게는 말 잘하는 법에 대해 이야기할 때마다 떠오르는 추억이 있어서 "트웬티Twenty"라고 발음할 때 't' 발음을 제대로 하려고 노력한다. 그리고 아들이 바르게 말하는 것에 자부심을 느끼실 천국에 계신 어머니를 생각한다.

　　　　　나에게 "Yes!"와 "No!"라고 대답해 준 사람들에게 감사한다. 그들이 있었기에 나는 내 뜻대로 하는 방법을 배울 수 있었다. 나에게 고마운 사람들의 이름이 당신에게는 큰 의미가 없을 것이다. 그러나 당신도 당신에게 기회를 준 사람들을 생각해 보길 바란다.

눈치챘는지 모르겠지만 나는 절대로 누구에게도 책을 헌사하지 않는다. 그러나 내가 쓴 모든 책들은 나의 부모님, 맥스 지토머Max Gitomer와 플로렌스 지토머Florence Gitomer에게 바친다. 그들은 살아생전에 심지어 돌아가신 후에도 나의 생각과 인격, 그리고 스타일을 형성할 수 있게 해 주시고, 더 나은 사람이 될 수 있게 해 주셨다. 두 분이 내게 주신 교훈에 대한 나의 감사와 존경은 나의 모든 말과 글 속에 잘 묻어나 있다.

나의 형 조쉬 지토머Josh Gitomer와 나는 사이가 매우 좋다. 우리의 형제애와 존경은 나날이 깊어지고 있으며, 형의 예술적 재능과 온화함은 서로에게 도움과 즐거움의 원천이 되고 있다.

내 친구이자 영원한 동반자 지미니 크리켓Jiminy Cricket, 나의 편집자 그리고 나의 영원한 사랑 제시카 맥두걸Jessica McDougall은 사상가, 창조자, 그리고 수완가로서 필적할 만한 사람이 없다. 우리가 함께 한다는 것은 나에게 횡재, 행복, 편안함이고, 힘들 때는 서로의 힘이 도움이 되어 극복할 수 있다는 평안함을 주었다.

나는 많은 이들의 아버지다. 내 딸 에리카Erika, 스테이시Stacey, 레베카Rebecca
는 항상 자신의 뜻대로 할 수 있었고, 지금도 여전히 그렇다.

나의 손녀딸 모건Morgan, 줄리아Julia, 그리고 클라우디아Claudia는 '당신 뜻대
로 관철하기'라는 말에 새로운 의미를 부여했다. 왜냐하면 그들은 요청하
지 않아도 원하는 것을 다 얻기 때문이다. 나의 딸들과 손주들은 내가 그
들의 삶에 있다는 것을 축복으로 여기고 있다. 그러나 나는 진짜 비결을
안다!

빠르게 지토머의 식구가 된 마이클 울프Michael Wolff는 제시카의 도움을 받
아 후세에 길이 남을 또 다른 책을 만들었다. 나는 목적의식을 가지고 열
심히 일하는 마이크를 좋아한다.

이들 말고도 나에게는 많은 아이들이 있다. 현재 'BUY GITOMER'와
'TRAINONE'에서 나와 같이 일하고 있는 29명이 있다. 이들은 나의 팀
구성원들이 아니라 나의 가족들이다. 나는 50여 년 동안 여러 회사를 운
영해 왔는데, 지금의 가족들은 함께 일하는 즐거움을 가장 크게 안겨 주
었다.

그리고 나의 독자인 당신! 나의 세미나에 침석하고 내 책을 구입하
고, 또 나의 고객이 되어 준 여러분에게 진심으로 고마운 마음을
전한다.

■ **제프리 지토머** Jeffrey Gitomer

제프리 지토머는 《뉴욕 타임즈》 베스트셀러인 《세일즈 바이블 The Sales Bible》, 《고객 만족은 가치 없지만 고객 충성은 값을 매길 수 없다 Customer Satisfaction Is Worthless, Customer Loyalty Is Priceless》, 《패터슨의 판매 원칙 The Patterson Principles of Selling》, 《세일즈 시크릿 열정 Little Red Book of Sales Answers》, 《인맥으로 승부하라 Little Black Book of Connections》, 《예스로 승부하라 Little Gold Book of YES! Attitude》, 《Little Teal Book of Trust》, 《Little Platinum Book of Cha-Ching!》 (리틀 북 시리즈 한국어판 계속 출간 예정)을 쓴 저자이다.

제프리 지토머는 세미나를 개최하고 세일즈 미팅을 주최하며, 판매와 고객 충성에 대한 트레이닝 프로그램을 운영하면서 지난 15년 동안 연간 120여 회의 프레젠테이션을 해 왔다.

제프리 지토머의 고객으로는 코카콜라, D.R 호튼, 카터필라, BMW, BNG 모기지, 맥그리거 골프, 퍼거슨 엔터프라이즈, 킴튼 호텔, 힐튼, 엔터프라이즈 렌트 에이 카, NCR, 스튜어트 타이틀, 컴캐스트 케이블, 타임 워너 케이블, 리버티 뮤추얼 보험, 웰즈 파고 뱅크, 블루크로스 블루쉴드, 칼스버그 비어, 위소 보험, 노스웨스턴 뮤추얼, 메트라이프, 글래소스미스클라인, AC 닐슨, IBM, 뉴욕 포스트 등이 있다.

제프리 지토머의 칼럼인 〈세일즈 무브스 Sales Moves〉는 전 세계 95개 이상의

경제 신문에 실리며, 매주 4백만 명 이상의 독자들이 그의 칼럼을 읽는
다. 또한 그는 '셀링 파워 라이브Selling Power Live'의 해설자로서, 세일즈와 자
기 계발에 대한 세계 최고 권위자들의 지혜를 회원들에게 전하고 있다.
그는 웹사이트 www.gitomer.com, www.trainone.com을 운영하고 있으며,
매일 25,000명의 사람들이 방문하고 있다. 제프리가 운영하는 웹사이트
기반 서비스 교육 프로그램들은 이 부문의 표준으로 인식될 정도로 고
객과 업체들로부터 인정을 받고 있다. 트레인원은 고객 중심 온라인 교육
분야의 선도자로 재미있고 실용적이며, 즉시 활용 가능한 제프리의 강의
를 들을 수 있다.
제프리가 발행하는 무료 이메일 매거진 《세일즈 카페인》은 매주 화요일
12만 명의 독자들과 아침을 맞이하는 세일즈 모닝콜이다. 제프리는 《세
일즈 카페인》을 통해 세일즈 전문가들에게 유용한 세일즈 정보와 전략,
그리고 독자들의 질문에 답변을 제공하고 있다.
1997년 제프리 지토머는 미국강연가협회National Speakers Association로부터 공인
강연전문가상Certified Speaking Professional을 받았다. 이 상은 지난 25년 동안 500명
미만의 사람들에게만 수여한 협회 최고의 상이다.

"주인님이 일하러 나가 계신 동안 저에게 의욕을 주는 강연 테이프를
봤어요. 그래서 저는 위대한 사냥개가 되기로 결심했어요."